복 있는 사람
오직 여호와의 율법을 즐거워하여 그 율법을 주야로 묵상하는 자로다.
저는 시냇가에 심은 나무가 시절을 좇아 과실을 맺으며 그 잎사귀가
마르지 아니함 같으니 그 행사가 다 형통하리로다.   (시편 1:2-3)

유신론과 무신론이 만나다

유신론과 무신론이 만나다

Phillip E. Johnson, John Mark Reynolds

Against All Gods

유신론과 무신론이 만나다

필립 존슨·존 마크 레이놀즈 지음 | 홍병룡 옮김

복 있는 사람

유신론과 무신론이 만나다

2011년 9월 28일 1판 1쇄 인쇄
2011년 10월 3일 1판 1쇄 발행

지은이 필립 존슨·존 마크 레이놀즈
옮긴이 홍병룡
펴낸이 박종현
도서출판 복 있는 사람
서울특별시 마포구 연남동 246-21
Tel 723-7183 | Fax 723-7184
blesspjh@hanmail.net
영업 723-7734
등록 1998년 1월 19일 제1-2280호

ISBN 978-89-6360-058-1

Against All Gods
by Phillip E. Johnson and John Mark Reynolds

차례

머리말

2004년 12월 두 번째 뇌졸중을 앓는 바람에 나는 또 다른 책을 쓸 엄두가 나지 않았다. 책을 집필하려면 시간은 물론이고 에너지와 헌신까지 요구하기 때문이다. 더구나 한동안 내가 흥미를 느낄 만한 주제를 찾지도 못했다. 2006년에 이르러 무신론을 옹호하는 책들이 천문학적으로 팔린다는 소식을 접하고 나서야 꼭 쓰고 싶은 주제를 발견했다.

나의 흥미를 끈 저자들 그룹은 '새로운 무신론자들'(The New Atheists)이라고 불리지만, 그렇다고 그들의 주장이 새롭다는 뜻은 아니다. 무신론자들이 예전부터 주장했듯이, 그들 역시 과학은 초자연적 현상에 대한 여지를 남겨 놓지 않는다고, 종교가 아예 폐기되면 얼마든지 피할 수 있는 갈등을 지금도 종교가 초래하고 있다고 주장한다. 이 저자들에게 새로운 면이 있다면, 이들은 "전도열에 불타는" 무신론자라는 점이다. 이들은 온 사회를 무신론으로 개종시키려고 작정했고, 이 과업이 지금은 불가능하게 보일지라도 결국은 해낼 수 있다고 생각한다.

그들은 동성애를 옹호하는 행동주의자들이 미국에서 이룩한 성공 사례, 곧 동성 간의 관계가 남녀 관계만큼 정상적이고, 대중이 어떻게 생각하든 간에 법적으로 동일한 대우를 받아야 한다고 판사들과 지식인들을 설득하는 데 거의 성공한 사례를 그대로 본받고 싶어 한다. 그들은 자기네 입장을 너무도 확신하는 나머지 결국에는 모든 사람이 그들의 주장에 동의하지 않을 수 없을 것이라고 믿는다.

나는 무신론자들이 쓴 책의 판매가 그처럼 급증한 것을 슬퍼해야 할 현상으로 보지 않았다. 오히려 대학에서의 삶을 이전보다 더 흥미롭게 만들어 주는 계기요, 그리스도인들로 하여금 기독교 지성을 연마하지 않을 수 없게 만드는 하나의 도전으로 보았다. 더구나 내 친구인 존 마크 레이놀즈를 공저자로 얻을 수 있게 되어 한층 쉽게 집필 작업에 착수할 수 있었다. 존은 엄청난 에너지를 갖고 있는 데다가 전공 분야가 나와 달라서 내가 잘 모르는 주제들에 대한 지식을 뒷받침해 주었다. 우리의 입장은 이렇다. 무신론의 급격한 부상은 대학 강의실 안팎에서 토론의 기회를 제공해 주기 때문에 교수와 학생 모두에게 많은 흥미를 유발시킬 수 있다는 것이다. 이 점을 염두에 두면서, 우리의 의도는 무신론자들을 공격하기보다는 그들의 입장을 탐구하는 것이고, 장차 교수들이 강의실에서 무신론의 주장을 학문적인 고려

대상으로 내놓게 되기를 기대하고 있다.

　무신론자들과 관련하여 내가 좋아하는 면은 그들이 잘못된 답변을 내놓기는 하지만 올바른 의문을 제기하기도 한다는 점이다. 지난 몇십 년간 대학의 교과과정은 하나님을 생각할 만한 가치도 없는 주제라는 식의 메시지를 암묵적으로 전해 왔다. 하지만 이 책에서 우리가 다룰 새로운 무신론자들은 하나님에 관해 많은 이야기를 하고 싶어 한다. 그 이유는, 그들은 하나님에 대한 믿음은 아주 나쁜 것이라고 간주하고, 초자연적 요소를 가진 종교를 더 이상 해롭지 않은 것으로 묵인해서는 안된다고 생각하기 때문이다. 원래 완전히 무시당하는 것보다 위협거리로 간주되는 편이 더 나은 법이다. 그래서 새로운 무신론자들의 책이 대학 내에서 종교의 위상에 건강한 영향을 끼칠 가능성이 많다고 나는 생각한다. 이로 인해 떠들썩한 소동이 벌어진다면, 그것은 수십 년 동안 지식 계층에 의해 숨겨져 왔던 문제들을 비판적으로 토론하는 일을 정당화시켜 줄 것이다.

　교수들이 종교라는 주제를 관심을 기울일 만한 가치가 없는 것으로 무시했던 그 기간에, 학생들은 개인적 차원에서 그 주제에 더 많은 관심을 보였다. 내가 본 한 신문은 최근에 하버드 대학교의 교목이, 오늘날 하버드에는 17세기 이래 어느 때보다도 더 많은 복음주의 그리스도인들이 있다고 말한 것으로 보도했다. 그러므로 학생들이 생각하고 있는 것과 교수들이 기꺼이 토론하고 싶어 하는 것 사이에는 근본적인 단절 현상이 존재하고 있는 것이다. 이 책에서 우리가 견지하는 입장은, 무신론적 주장을 진지하게 취급하되 존중하는 자세와 비판적인 자세를 모두 취해야 한다는 것이다. 오늘날의 무신론 운동이 갖고 있는 건강한 측면이 하나 있다. 그토록 많은 책을 팔고 있는 무신론자들이, 아무것도 비판대에서 제외시키지 않고 모든 것을 그 위에 다 올려놓기를 원하고 있다는 점이다. 그들은 일부 진영에서는 종교를 비판하면 누군가 상처를 받을 수 있기 때문에 절대로 비판해서는 안된다고 생각한다고 지적하면서, 그런 사실을 무척 한탄하고 있다. 우리는 물론 종교도 다른 모든 주제처럼 신중하고 비판적이고 공정한 검사를 받아야 한다는 데 동의한다. 그런데 무신론자들은, 그들의 철학 가운데 일부 주제가 비판을 받지 못하도록 보호되어 왔다는 사실을 잘 모르는 것 같다. 그들은 과학의 동료가 된 자연주의 세계관에 도전하는 것은 과학 공동체를 모욕하는, 도무지 용납할 수 없는 일이라는 주장을 편다.

우리도 다음과 같은 무신론자 친구들의 주장에 얼마든지 동의한다. 즉 모든 사람의 견해는 분석과 비판의 대상이 되어야 한다는 주장과, 우리 사회의 어떤 강력한 여론 주도자가 어떤 것을 그대로 두라고 했기 때문에 그것을 그냥 수용해야 한다는 식으로 말하면 안된다는 주장 말이다. 물론 우리는 무신론자들이 말하는 내용에 대해 비판적인 논평을 가할 것이다. 하지만 우리의 바람은 강력한 반박으로 토론의 문을 닫아 버리는 것이 아니라, 대학 강의실 안팎에서 이러한 이슈들을 신중하게 검토해 보도록 격려하는 것이다. 의견을 달리하는 이슈들에 대해 아무런 제약 없이 토론할 때에야 비로소 진실에 가까워질 수 있다고 우리는 믿는다. 이런 이유로 우리는 새로운 무신론이 크게 부상한 것을 환영하는 바이다. 만일 우리가 증거나 논리로 정당화되지 않은 독단적인 주장들에 대해 비판적인 입장을 견지할 수 있다면, 무신론자들이 제기하는 이슈들을 토론함으로써 모두가 유익을 얻을 수 있을 것이다.

존 마크 레이놀즈와 나는 각각 맡은 장(章)들을 따로 쓴 뒤에, 우리의 공통된 견해를 담은 일관성 있는 책을 만들기 위해 함께 손질을 했다. 내(존슨)가 머리말, 후기, 그리고 첫 다섯 장을 썼고, 레이놀즈가 6장에서 8장까지 썼으며 원고의 최종 편집 작업도 담당했음을 밝힌다.

1장
● 새로운 무신론자란 누구인가

2006년과 2007년에 미국의 신문과 잡지들은 아주 특별한 어떤 현상에 주목하기 시작했다. 여론조사와 선거결과에 따르면 미국인 가운데는 전통적 의미의 그리스도인이 압도적으로 많은 데도 불구하고, 새로운 유형의 공격적인 과학적 무신론자들이 쓴 책들이 깜짝 놀랄만큼 엄청난 판매량을 기록하고 있는 것을 보면 성경을 믿는 신자들조차 무신론을 옹호하는 입장에 매력을 느끼고 있는 것 같다.

이제까지 과학 당국은 미국의 대중으로 하여금 다윈의 진화론을 수용하도록 설득하는 유일한 방법은 자연주의적 역사관이 하나님의 존재에 대한 믿음에 아무런 위협을 가하지 않는다고 그들을 안심시키는 것이라고 생각해 왔다. 그리고 진화론적 과학에 위협을 느끼는 진영은 어떤 식으로든 폐기되어야 할 다양한 근본주의 종교 집단들이라고 말한다.

그런데 새로운 유형의 과학적 무신론자들은 그런 식의 접근을 겁쟁이처럼 상대방을 달래려고 하는 부정직한 접근으로 치부한다. 비이성적인 세력을 달래는 대신에, 왜 문제의 뿌리를 파헤쳐서 초자연적 존재나 세력의 개념 자체가 한갓 망상에 불과하고 해로운 결과만 낳을 뿐이라는 것을 보여주지 않는가 하고 도전한다. 이 무신론자들은 과학이 하나님이 들어설 여지를 주지 않고도 성공적으로 세계를 설명해 왔다고 자부하고 있으며, 또 자신들의 책이 굉장한 성공을 거두고 평판이 자자하다는 사실로 인해 한층 기분이 들떠 있다.

다른 한편으로는, 보수적인 그리스도인들이 미국의 공공 문제에 상당한 영향을 미치고 있고, 다윈주의 이론과 그 세계관에 대한 공공연한 회의론이 아직도 끈질기게 버티고 있는 것을 보고 그들은 격분하고 있다. 이들은 이런 회의론이 널리 퍼져 있을 뿐 아니라 최근에는 미국에서 유럽의 후기 기독교 국가들로 퍼져 가는 현상을 우려한 나머지, 너무 늦기 전에 도킨스가 "하나님 망상"(the God delusion)이라 부른 것을 쳐부수기 위해 공격을 개시하기로 결심했다. 이를테면, 온 세상이 과학적 합리주의―곧 자연만이 존재하는 전부이고 따라서 하나님은 합리성이 배격해야 할 환상에 불과하다는 가정에 기초를 둔 합리주의―를 받아들이도록 설득하는 그들의 프로그램에 더 차질이 생기기 전에 그 같은 현상을 막기로 결정한 것이다. 이러한 목적을 품고서 그들은 초자연적 창조자에 대한 믿음은 불합리하고 악한 것이라는 자신들의 주장을 적극적으로 주장한다. 그들은 유신론을 완전히 무너뜨리기로 결단하고, 본격적으로 공공 영역에 진입하고 있는 중이다. 그리고 이러한 대담한 입장이 진화론에 우호적인 자유주의 그리스도인들의 심기를 건드리는 것까지 감수하겠다는 입장이다.

올바른 질문을 제기하는 것

미국인들은 「타임」(Time)지의 표지를 장식할 정도의 추세나 갈등이라면 참으로 큰 뉴스임이 틀림없다고 생각한다. 2006년 11월 13일자 「타임」지의 표지 스토리에는 '과학 vs. 하나님'이라는 제목이 붙어 있었다. 그것은 하나님의 존재를 둘러싸고 강경한 무신론자요 생물학자인 리처드 도킨스(Richard Dawkins)와 미국 정부 주도의 성공적인 인간 게놈 프로젝트의 총지휘자였던 그리스도인 유전학자 프랜시스 콜린스(Francis Collins)가 벌인 열띤 논쟁을 특집으로 다룬 것이었다.

그 논쟁이 나의 흥미를 끌었던 것은 그들이 말한 내용보다도 「타임」지의 편집인들이 그 주제를 다룬 방식과, 그 이슈를 2006년 말에 「타임」지의 표지를 장식할 만한 것으로 간주한 이유 때문이었다. 도킨스는 과학과 (하나님에 대한 믿음으로 정의되는) 종교가 서로 대립관계에 있다고 말하고 콜린스는 그렇지 않다고 말하는 만큼, 「타임」지가 그 주제를 '하나님 vs. 과학'으로 정한 것은 도킨스에게 퇴각하는 신을 추적하는 과학의 배역을 맡기기 위함이었다. 만일 그 논쟁이 '도킨스 vs. 하나님'이란 표제로 묘사되었다면, 하나님에게 훨씬 더 만만한 대적을 안겨 주었을 것이므로 그 표지가 덜 주목을 받았을 가능성이 높다.

그 잡지를 본 대다수의 과학자들은 리처드 도킨스가 과학을 대변할 것을 예상하고 조금 멈칫했을 것 같지만, 그렇다고 그들이 「타임」지에 그러한 오해를 시정해 달라고 요구할 것이란 뜻은 아니다. 「타임」지의 표지를 읽은 일반 대중은 도킨스가 실제로 과학을 대변한다고 가정할 것이기 때문이다.

「타임」지의 필자인 데이비드 반 비에마(David Van Biema)는 이 논쟁을 소개하면서, 오늘날의 이슈는 다윈의 진화론이 창조론자의 비판을 견딜 수 있는지 여부가 아니라 종교(이 경우에는 하나님에 대한 믿음)가 과학의 진보에도 살아남을 수 있는가 하는 문제라고 설명했다. 그는 오늘날 "반(反)종교적 입장은 지적 설계 운동에 분노한 과학자들에 의해 더욱 촉진되고 있으며, 그들의 학문이 점점 더 인간 경험의 본질을 도식화하고 수량화하고 또 변화시킬 수 있게 됨으로써 '흥분하거나, 어쩌면 도취 상태에 빠져 있는 것 같다'"고 썼다.

앞에서 언급한 논쟁이 시작되었을 때, 도킨스는 다윈이 내놓은 자연선택에 의한 진화론은 창세기 이야기를 반박하는 것 이상의 역할을 한다고 진술했다. 뿐만 아니라, 물리적 세계로부터 하나님의 존재를 입증하는 가장 강력한 논증—곧 설계 논증—을 논박한다고 말했다. 도킨스에 따르면, 이 설계 논증에서 그들은 "살아 있는 생물들은 너무도 아름답고 우아하며 분명한 목적성이 있기 때문에, 그것들은 어떤 지적인 설계자에 의해 만들어졌을 수밖에 없다"고 주장한다. 그러나 도킨스는 다윈이 다음과 같이 설명함으로써 설계 논증을 영원히 잠재웠다고 생각한다.

즉 설계처럼 보이는 현상이 실제로는 아주 단순한 출발점에서 시작하여 점차 단계적으로 자연적인 진보를 거쳐 좀 더 복잡하고 좀 더 우아하며 좀 더 적응력 있는 완전성을 향해 가는 진화 덕분에 생긴 것이다. 각 단계는 우리가 동의하지 못할 정도로 그렇게 있을 법하지 않은 것은 아니다. 당신이 그것들을 수백만 년에 걸쳐 모두 더해 보면, 인간의 뇌와 열대 우림과 같은 있을 법하지 않은 괴물들을 얻게 된다.

다윈의 성공은 "어떤 것이 복잡하다고 해서 하나님이 만들었을 것임이 틀림없다고 생각해서는 안된다고 우리에게 경고해 주어야 마땅하다."

그런데 다윈의 성공은 정말로 모든 것을 포괄하는가? 물론 인간의 뇌와 열대 우림은 분명히 존재하고 있다. 그러나 둘 중 어느 하나라도 DNA를 복사하는 과정에서 임의의 오류들이 축적되어 만들어졌다는 주장에 대해 오늘날 생물학자들의 지지가 아니라 실험적인 검증이 요구되는 것이라면, 그것은 충분히 의심스러울 수 있다. (이 주제에 관한 더 자세한 내용은 4장 '다윈주의 세계관'을 참고하라.)

콜린스는 다윈의 성공을 둘러싸고 도킨스와 논쟁을 벌이지는 않았다. 오히려 하나님이 진화를 작동시키되 그것을 통제하지 않고 자신이 원하는 결과가 나타날 것을 예견했을 수 있다는 가능성을 제기했다. 도킨스는 그러한 설명은 개연성이 없다고 일축했다. "설령 하나님이 인간을 창조하기를 원했다고 해도, 생명이 시작되기까지 100억 년이란 긴 세월을 기다리고 그 후에 인간이 예배하고 죄를 짓는 등 신앙인의 관심사인 온갖 행위를 할 수 있게 되기까지 또 다시 40억 년을 기다리는 지극히 우회적인 방법을 선택했다고 보는 것은 약간 이상한 것 같다."

콜린스는, 만일 하나님이 자신의 존재를 우리에게 분명히 보이고 싶지 않았다면, "창조에 있어서 자기의 역할을 보여주는 명백한 도로 표지를 세우지 않고 그 대신 진화의 메커니즘을 이용했다고 보는 것은 충분히 타당성이 있다"고 대꾸했다.

혹시 도킨스가 그리스도인이 된다면, 그는 분명히 젊은 지구론을 믿는 창조론자가 될 것이다. 그가 그리스도인이 될 가능성은 상당히 희박하지만, 바울과 같은 다메섹 도상에서의 전향이 완전히 불가능한 것은 아닐 것이다. 도킨스의 동료들이 그에게 하나님에 대한 믿음에 대해 초연한 입장을 견지하도록 권하는데도 그가 지난 몇십 년 동안 강박적으로 그것을 비난해 왔기 때문에, 도킨스의 일부 독자들은 그런 현상을 하나님에 관한 그 무엇이 그의 정신을 괴롭히고 있다는 표징으로 생각한다. 어떤 사람들은 도킨스가 어린 시절에 전통 종교를 믿도록 강요받은 불쾌한 경험에 대해 지나친 반발을 하고 있는 것이라고 생각한다. 그러나 본인은 그런 경험이 없었다고 확실히 부인하고 있기 때문에 그런 것 같지는 않다(이 점을 확인하려면 「만들어진 신」[*The God Delusion*]의 앞부분을 읽어 보라). 하지만 나로서는 지적인 이유로만 보기에는 석연치 않은 그의 하나님에 대한 격심한 분노가 과연 어디에서 나왔는지 궁금하기 짝이 없다.

「타임」지는 진화를 둘러싼 논쟁을 짧게 다룬 뒤에 우주의 기원으로 넘어갔다. 콜린스는 우주학자들이 '미세 조율'(fine-tuning) 논증이라고 부르는 것을 도입했다. 만일 우리 우주의 여섯 개 이상의 기본적인 물리적 특징들이 조금만 변경되었더라도 생명은 존재할 수 없었을 것이라는 콜린스의 주장에 대해 도킨스는 전혀 논박하지 않았다. 콜린스는 이 전제로부터 "만일 당신이 설계자가 있을 가능성을 기꺼이 고려한다면, 이것[설계자가 생명을 위해 우주를 미세 조율했다는 것]은 상당히 개연성 있는 설명이 된다"고 추론했다.

이에 대해 도킨스는, 복잡한 자연 현상을 언제나 자연적으로 설명하는 것이 가능함을 다윈이 보여주었다고 답변했다. 심지어는 우리가 상상하기 어려운 현상을 발견했을 때에도 그런 설명이 가능하다는 것이다. 좀 더 구체적으로, 도킨스는 우주의 미세 조율은 다중우주(multiverse) 가설에 의해 이미 설명될 수 있다고 덧붙였다. 이는 우리의 우주가 수많은 대안들 중 하나에 불과하다는 것을 전제로 한다. 만일 그토록 많은 우주들이 있을 수 있었다면, 그 가운데 하나가 지적이고 세련된 생명의 형태들이 진화하기에 필요한 정확한 조건을 갖게 되었을 가능성이 없지 않다는 것이다. 이에 대해 콜린스는 "다중우주 가설은 지나친 상상력의 산물인 만큼, 하나님의 존재를 인정하는 것이 더 간단한 설명"이라고 반박했다. 도킨스는 "내가 이해할 수 없는 것은, 당신이 개연성이 없는 것을 지적하면서도 똑같이 개연성이 없는 것을 가정함으로써 스스로 자가당착에 빠지고 있다는 점을 인정하지 않는 모습"이라고 대꾸했다.

그래서 그 논쟁은 과연 하나님의 존재가 (관찰할 수 없는) 다중우주의 존재보다 더 개연성이 있는지 혹은 없는지의 문제로 축소되었다. 과학이 그 문제를 우리에게 제시했지만, 어떤 관찰이나 실험도 그에 대한 해답을 우리에게 줄 수 없다. 일단 과학자들이 다중우주의 개연성을 하나님이 존재할 개연성과 비교하기 시작하면, 그들은 경험 과학의 분야를 뒤로 제쳐 놓고 철학적 추측의 영역으로 진입하게 되는데, 이 영역에서는 과학적 실험으로 누가 옳은지를 정할 수 없기 때문에 누구나 자신이 원하는 대로 믿을 수 있다.

도킨스는 나에게, 자신은 변호사를 무척 싫어하지만 자신에게 법정 변호사의 자질들—특히 공격적인 기질—이 있다고 말한 적이 있다. 그런데 콜린스는 온건하고 사색적인 유형이므로, 어느 면에서는 너무 센 상대와 만났다고 할 수 있다. 비록 「타임」지가 그에게 '과학'이 아니라 도킨스하고만 논쟁하라고 부탁하긴 했지만 말이다. 그런 불리함에도 불구하고, 배심원은 도킨스보다 콜린스의 입장이 더 설득력이 있다고 생각했을 것이다. 도킨스는 고압적이고 위협적인 발언에 크게 의존하고 있는 만큼 과학적 이성을 구현하는 인물이라기보다 학대자의 인상을 주기 때문이다.

「와이어드」지 특집 기사

「와이어드」(Wired)지는 테크놀로지 애호가들을 위한 잡지로, 보통은 최신 전자장치에 관한 기사와 광고물로 가득 차 있다. 그런데 2006년 11월호는 「타임」지가 도킨스-콜린스 논쟁을 소개하며 묘사한 과학적 무신론의 발흥에 관한 게리 울프(Gary Wolf)의 도발적인 긴 글에 대부분의 지면을 할애했다. 일부 과학자들은 외부의 간섭으로부터 자신들의 영역을 방어하는 일에 더 이상 만족할 수 없어서, 하나님에 대한 믿음을 더 이상 관용할 수 없는 악으로 규정짓기로 결정했다. 그들의 분노는 주로 이슬람의 테러 행위를 겨냥한 것이지만 '종교'를 폭넓게 비난했으며, 그리스도인들도 똑같이 그 비난의 대상에 포함시켰다.

이 구두로 진행된 성전(聖戰)의 표적은 종교적 근본주의자들이 아니라 오히려 자유주의적이거나 온건한 그리스도인들인데, 이들은 근본주의자를 존중해 줄 뿐 아니라 무신론의 편에서 싸워야 할 의무를 기피하는 게리 울프 같은 미지근한 불가지론자들까지 관용한다고 비난하고 있다. 그리고 이들을 향해 하나님에 대항하는 싸움에서 중립은 있을 수 없다고 확실히 선언한다. 이에 대해 울프는 이렇게 묘사하고 있다.

> 중립을 지키는 우리들은 앞에 나서서 이 저주─곧 신앙의 저주─의 귀신을 쫓아내는 일에 합류하라는 요청을 받고 있다. 새로운 무신론자들은 우리가 교조적인 신자가 아니라는 이유로 우리의 책임을 면제시켜 주려고 하지 않는다. 그들은 하나님에 대한 믿음은 물론이고 그런 믿음을 존중하는 태도까지 비난한다. 종교는 잘못되었을 뿐 아니라 악한 것이라고 말한다.

이제는 싸움이 시작되었으니 더 이상 회피할 핑곗거리가 없다. 세 명의 저자들이 그들을 향해 무장하라고 외치기 시작했다. 그들은 바로 리처드 도킨스와 샘 해리스(Sam Harris), 대니얼 데닛(Daniel Dennet)

이다. 게리 울프는 이 「와이어드」지의 글을 쓰려고 그 세 명과 인터뷰하는 일을 착수했다. 과연 "신앙에 대항하는 전쟁에 징집한다는 것이 무슨 뜻인지"를 알고 싶었기 때문이다.

울프는 그 가운데 하나가, 인권과 가족 관계에 대한 우리의 견해를 수정하는 것을 뜻한다는 사실을 알게 되었다. 도킨스의 경우, 어른들이 자신이 원하는 것을 믿는 것은 기꺼이 허용하겠지만, 그들의 종교적 믿음을 자녀들에게 가르치는 것만은 허용할 수 없다고 말했다. 이유인즉 그런 믿음은 "명백한 거짓"으로 구성되어 있기에 그것을 자녀들에게 강요하는 짓은 일종의 아동 학대에 해당하기 때문이라고 했다.

나는 어느 누구 못지않게 도킨스와 의견을 달리하지만, 그에게는 내가 좋아하지 않을 수 없는 면들이 있다. 그중 하나는 자신이 진실이라고 생각하는 바를 말하지 않고는 못 배기는 습관이다. 심지어는 자신의 단도직입적인 무신론이 좀 더 신중한 동맹군들—곧 유물론적 진화론에 대한 공공연한 반대를 극복하는 유일한 길은 종교에 대한 부정적인 함의를 부인하거나 감추는 것이라고 믿는 자들—에게 반감을 준다는 사실을 알고 있음에도 그렇게 한다. 도킨스는 설령 적나라한 진실이 자신의 팀에 속한 변호사들에게 반감을 주고 의사들을 혼란스럽게 만들지라도, 자신이 정말로 믿는 바를 분명히 말하는 인물이다.

내가 좋아하는 또 다른 면은, 도킨스가 비록 잘못된 답변을 주장할지라도 올바른 질문에 주목하게 하는 재능을 갖고 있다는 것이다. 예컨대, 그는 하나님에 관해 이야기하는 것을 멈출 수 없는 무신론자이기 때문에, 오히려 청중들에게 하나님의 존재 여부를 발견하는 일이 얼마나 중요한지를 줄곧 상기시켜 준다. 이는 하나님의 존재가 어쨌든 중요한 사안이 아니므로 그에 관해 논의할 필요가 없다는 식의 입장보다는 훨씬 더 정직하고 통찰력 있는 입장이다. 도킨스는 하나님이 존재하지 않는다고 강경하게 주장함으로써, 암묵적으로 사람들에게 그 반대 입장을 주장하도록 부추기고 있다. 심지어는 교육 기관들로 하여금 유신론과 과학적 유물론이 세계관으로서 어떤 장점이 있는지를 서로 비교해 보는 과목을 개설하도록 영향을 미치고 있다.

게리 울프는 새로운 무신론자 진영에 합류하는 것을 고려했으나, 그 운동이 목적을 달성할 수 없을 것이라는 결론을 내리고 결국에는 뒤로 물러났다. "사람들은 그 운동의 확신에 찬 어조 속에서 모순점을 발견한다." 이 운동의 지지자들은 다른 이들의 신앙을 멸시하면서도 자신들의 믿음은 결코 의심하지 않는다. 그런 면에서 그들은 또 다른 근본주의자들인 셈이다. "나는 이런 항변을 여러 차례 들은 적이 있다. 실은 대화를 할 때마다 그런 소리를 듣는다. 새로운 무신론자들의 편을 드는 사람들조차 귀에 거슬리는 그들의 말투에 혐오감을 느낄 정도다"라고 울프는 말한다. 이러한 의미에서, 과학적 무신론의 새로운 물결은 몇 세기 이전으로 퇴보하는 현상이라고 볼 수 있다. 말하자면, 백성과 지도자가 모두 똑같은 종교를 공유하지 않으면 그 영토 내에 평화가 있을 수 없다고 생각했던 그 시대로 되돌아간다는 뜻이다. 그때 이후로 우리는 점차 종교적 다원주의에 익숙해지면서 서로 다른 종교들이 같은 국가 내에서 평화롭게 공존할 수 있음—만일 그들이 서로의 상이점을 존중하는 정신을 가지고 접근할 수 있다면—을 배운 바 있다. 가령, 20세기 미국의 경우와 같이 개신교도와 가톨릭교도, 모르몬교도와 유대교인이 대체로 조화롭게 공존할 수 있던 현상이 하나의 강력한 본보기다. 그런데 도킨스와 해리스는 한 국가 내에 단 하나의 종교만 있을 수 있다는 원칙으로 되돌아가기를 원하고, 그 종교가 바로 자신들의 종교라야 한다고 생각하는 듯 보인다. 이런 접근을 밀고 나가면 과연 사회적 갈등을 종식할 수 있을지 무척 의심스러운 생각이 든다.

여론조사는 하나같이 미국인들 가운데 극소수만이 무신론자임을 보여주고 있음에도, 리처드 도킨스와 샘 해리스는 결국에는 그들이 정치적 승리를 거둘 수 있을 것으로 낙관하고 있다. 도킨스의 추정에 따르면, 공공 여론조사가 간과하고 있지만 여러 무신론자들이 분명한 입장을 취하게 되면 그 운동에 합류하게 될 말 없는 무신론자들이 미국에 굉장히 많이 있다고 주장한다. 도킨스는 오늘날의 무신론자들은 한 세대 전의 동성애자들—곧 동성애자 해방 운동이 공중의 지지와 사법적 지원을 불러 모으기 전의 동성애자들—과 같은 처지에 있다고 생각한다. 해리스는 과거에 여러 이슈들—이를테면, 노예제—을 둘러싸고 여론이 어떻게 바뀌게 되었는지에 대해 깊이 생각하기를 좋아한다. "어느 시점에 이르면, 하나님에 대한 믿음에 매달리는 일이 너무나 당혹스러운 지경에 빠질 것이다. 그때가 되면, 무신론이 미국과 세계에서 가장 지배적인 종교적 입장이 될 것이다." 해리스의 말이다. 물론 그렇다. 혹시라도 우리가 그런 시점에 도달하는 일이 일어난다면 말이다.

「와이어드」지에 게재된 글이 많은 정보를 주는 도발적인 기사이기는 했지만, 철학자인 대니얼 데닛과 신경과학을 전공하는 대학원생인 샘 해리스, 그리고 리처드 도킨스 등 세 명과 그 밖의 소수의 지지자들만 묘사했기 때문에, 호기심 많은 대중이 그들의 책을 아무리 많이 구입하고 있다고 해도 이 "무신론의 새 물결"에 과연 얼마나 더 많은 사람들이 편승하고 있는지 나로서는 알 길이 없었다. 나 역시 그 구매자들 중 하나이지만, 무신론에 매력을 느끼기 때문에 산 것은 아니다. 그 후에 주목할 만한 것을 잘 찾지 못하다가 드디어 2006년 11월 21일자 「뉴욕 타임스」(*The New York Times*)에 실린 조지 존슨 (George Johnson)의 글 '과학과 종교에 관한 자유 토론'을 접하게 되었다.

솔크 연구소에서 일어난 소동

존슨의 기사는 캘리포니아의 라 졸라에 있는 솔크(Salk) 생물학 연구소에서 개최된 '과학과 종교' 포럼에 관해 보도했다. 이 대회는 상투적인 공손한 태도에서 전향하여 단일한 강령에 기초한 정당의 창립 전당대회를 방불케 하는 모습을 띠기 시작했다. "이데올로기로 채색된 이 위험한 세상에서, 과학은 종교와 경쟁하면서 전례 없는 가장 위대한 이야기를 들려주는 복음전도의 역할을 떠맡을 필요가 있다." 천문관(館)의 책임자인 닐 드그래스 타이슨(Neil deGrasse Tyson)은 국립 아카데미의 일부 회원까지 포함한 너무도 많은 과학자들이 아직도 기도에 응답하는 하나님을 믿고 있다고 한탄했다. 천문학자인 캐롤린 포르코(Carolyn Porco)의 말을 들어 보자.

우리는 종교적 공식이 성공한 사례를 따라가야 한다. 어릴 적부터 우리 자녀들에게 우주의 이야기와 그 놀라운 풍성함과 아름다움에 관해 가르치자. 그 이야기는 우리가 아는 어떤 경전이나 신 관념이 제공해 주는 그 무엇보다도 훨씬 더 영광스럽고도 근사한—그리고 위로를 주는—것이다.

포르코 박사는 그 본보기로서, 카시니 우주선이 거의 알아볼 수 없는 점과 같은 지구를 배경으로 토성과 일식에 의해 생긴 그 빛나는 고리들을 찍은 사진을 보여주었다.

이 '자유 토론' 이야기는, 과학 공동체 내에는 「와이어드」지에서 게리 울프의 글이 다룬 세 명의 저자들 이외에도 반(反)하나님 운동에 가담할 만큼 분노한 과학자들이 상당수 있다는 것을 내게 확신시켜 주었다. 그러나 그들 사이에 의견의 만장일치가 이루어진 것은 결코 아니다. 그 포럼에서 표명된 의견을 달리하는 목소리는, 하나님을 공격하는 입장은 과학이 공개적으로 종교와 싸우는 일에 가담해서는 안된다고 생각하는 과학자들, 그리고 세계를 과학적 무신론으로 개종시키려는 시도가 실재를 비과학적으로 무시하는 입장에 기초하고 있다고 여기는 과학자들―하나님을 믿든 안 믿든 상관없이―의 반론에 직면하게 될 것임을 잘 보여주었다. 하지만 그 논쟁은, 그러한 갈등이 존재하는지 여부가 아니라 갈등에 참여하는 방법을 둘러싸고 벌어진 것이었다. 이처럼 하나님에 대해 공세를 취하기로 한 결단은 승리에 대한 확신에서가 아니라 절박한 상황에서 나온 것처럼 보인다.

「뉴욕 타임스」기사는 이렇게 말한다, "자연선택에 의한 진화라는 거대담론과 빅뱅으로부터 우주가 탄생했다는 이야기가 지적인 시장에서 사라지고 있다는 일반적인 여론과 함께, 대다수의 토론은 전략의 문제로 축소되었다. 과학은 어떻게 또 다른 이데올로기로 보이지 않으면서 되받아 칠 수 있겠는가?"

이 모든 정보로부터 내가 내린 결론은 이렇다. 새로운 무신론 운동가들은 본래 자신들이 겨냥했던 그리스도인들보다 오히려 과학 분야의 "거물들", 곧 현재 과학계를 지배하는 권위자들에게 더 큰 문제를 제기하고 있다는 것이다. 이 무신론의 새 물결은 종교가 이제까지 솔직한 비판을 면제받아 왔다고 생각할지 모르지만, 그리스도인들은 거기에 익숙해져 있으며 어쩌면 그 안일한 태도를 피하기 위해서라도 그런 비판이 필요할 것이다.

과학 분야의 거물들이 안고 있는 문제는, 이 새로운 물결이 충분한 추종자를 확보해서 기존의 당국자들에게 다윈주의 논리가 무신론을 지지한다는 그들의 주장에 찬성하든 반대하든, 그 입장을 취하도록 압력을 넣을 수 있을지 모른다는 것이다. 그러나 그들이 이런 무신론 운동에 찬성할 수 없는 것은, 그럴 경우 여태까지 대중에게 과학과 비근본주의적인 종교가 양립할 수 있다고 확신시켜 준 것이 결국은 거짓말로 판명될 것이기 때문이다. 거물급 가운데 상당수는 사적으로는 도킨스와 의견을 같이하지만, 자칫하면 대중의 회의론을 심화시킬까 두려워서 공개적으로 자신의 견해를 밝히고 싶어 하지 않는 것 같다. 그런데 만일 이 새로운 물결이 과학자들 가운데 충분한 지지 세력을 확보할 경우에는, 거물급이 그 운동을 거부하면 반드시 그들 진영에서 반발에 직면하게 되는 상황에 빠질 수도 있다. 그 같은 상황이 벌어지면 정말로 문제가 심각해질 것이다.

그렇다면 이 상황에서 어떤 일이 일어나야 할까? 과학과 무신론의 관계와 관련된 모든 논란거리를 대학 차원에서, 학자들의 회의석 상에서 그리고 강의실의 학생들과 함께 공정하고 철저하게 분석해야 마땅하다. 자연주의적 과학의 논리는 과연 무신론을 지지하는가? 만일 그렇지 않다면, 어째서 그토록 많은 과학자들이 그 같은 확신을 품고 있는가? 도킨스와 그의 동지들의 견해가 틀릴지도 모르지만, 그들이 그처럼 대담한 입장을 취하는 이유에 대해서는 진지하게 검토할 만한 가치가 있다. 다윈주의 과학과 유신론적 종교가 양립할 수 없는지 여부에 관한 진실을 밝히려면, 대학 내에서 서로 경쟁하는 관점들 사이에 진정한 지적인 대결이 있어야 한다. 대학이야말로 어느 연방 판사가 침입해서 어느 한 입장만 고려하도록 판결을 내릴 수 없고, 모든 민감한 이슈들을 공개적으로 토론할 수 있는 곳이기 때문이다.

진정한 압제자는 누구인가

마지막으로, 2007년 4월 중순에 「월스트리트 저널」(*The Wall Street Journal*)은, 유럽에서 호전적이고 전도열에 불타는 무신론이 성장하고 있는 현상을 길게 다룬 적이 있다. 유럽의 무신론은 결코 새로운 현상이 아니지만, 새로운 것은 「뉴욕 타임스」가 보도한 스크립스 연구소(Scripps Institute) 포럼에 참여한 미국 과학자들처럼, 유럽의 무신론자들도 대중의 지지를 얻기 위해 종교와 경쟁할 필요가 있다고 생각한다는 점이다. 이런 현상을 보면, 무신론자들은 전쟁이 자신들의 승리로 끝났다고 더 이상 느끼지 않으며, 그런 자신감보다는 오히려 절박한 심정을 갖고 있다는 느낌을 받게 된다. 이 같은 소식을 미루어 보건대, 전 세계의 대학 교수들은 오늘날 실재를 규정할 수 있는 절대 권위를 가진 전문가 집단이 없다는 사실에 눈을 떠야 한다. 대학들은 무신론을 옹호하는 입장을 심각하게 고려해야 하고 앞으로 더욱 고려하게 될 것이다. 말하자면, 무신론자들이 기독교에 대해 회의적인 입장만 견지하는 것이 아니라 처음으로 자기 입장을 변호해야 할 상황에 놓이게 될 것이라는 뜻이다. 그렇게 되면 그리스도인들이 때로는 무신론을 회의하는 즐거움을 누리게 될 것이다.

이는 해방의 문제로 이어진다. 도킨스와 데닛은, 미국인과 영국인이 신정주의의 압제 아래 살고 있으며, 만일 탈출이 가능하다는 것을 보여주기만 하면 사람들이 거기서 탈출하고 싶어 할 것이라고 생각하는 것 같다. 오히려 나는 우리 시대의 진정한 압제자는 과학적 자연주의라고 주장하는 바이다. 기존의 과학 기관의 대변인들은 우리에게 과학기술을 제공한 과학의 성공이 자연주의 세계관과 묶여 있기 때문에 그 세계관을 의문시하면 과학기술도 위험에 처하게 된다고 가르쳤다. 따라서 자연주의 철학이 우리의 문화와 정치를 지배하게 된 것이다. 과학기술과 자연주의 세계관의 군림을 동일시하는 것은 아주 취약한 입장이다. 과학을 널리 보급하는 아주 두드러진 인물들이 암묵적인 무신론의 옹호에서 명시적인 자세로 전향함에 따라, 이제 논리적인 사상가들은 과학과 자연주의 세계관 사이에 그런 연관이 존재하지 않는다는 것을 보여줄 수 있는 기회를 얻게 된 것이다.

2장
● 하버드에서 무산된 필수과목, '이성과 신앙'

이 책의 주 관심사가 과학적 무신론의 새로운 물결이 제기한 이슈들이 고등교육과 학계에서 어떻게 다루어질 수 있고 또 어떻게 다루어져야 하는지에 대한 문제이기 때문에, 나는 하버드의 열렬한 다윈주의 심리학자요 대중적인 저자이기도 한 스티븐 핑커(Steven Pinker)가 쓴 평론을 접하고 아주 흥미롭게 읽었다. 이 평론은 2006년 10월 말에 하버드 학생들이 편집하는 일간 신문인 '하버드 크림슨'(*The Harvard Crimson*)에 온라인으로 발표된 글로서, 하버드 교수진이 신앙과 이성의 관계를 필수과목으로 개설할 것을 진지하게 고려하고 있음을 밝힌 바 있다.

핑커는 「와이어드」지 2006년 11월호에 실린 인터뷰에는 포함되지 않았지만, 그의 저서들과 리처드 도킨스의 「만들어진 신」의 표지에 기고한 열렬한 찬사를 볼 때 도킨스 진영에 속한 인물임에 틀림없다. 핑커는 글에서 하버드 교수들로 구성된 교양교육 위원회가 하버드의 교양교육 교과과정을 더욱 확대시켜 '과학과 테크놀로지', '이성과 신앙' 등 두 과목을 포함해야 한다고 제안한 것에 대해 비판했다.

핑커는 먼저 공손한 일반론을 전개하다가, 그 보고서의 두 가지 주요 제안을 본격적으로 비판하기 시작했다. 그는 '과학과 테크놀로지' 과목이 과학기술의 긍정적 활용과 부정적 활용에만 초점을 맞춘 나머지 그 목표를 너무 낮게 잡았다고 생각했다. "그 보고서에 결여된 것은 과학 지식의 고귀한 성격에 대한 민감성이었다. 즉 세계가 작동하고 있는 방식, 생명과 우리 행성의 역사, 그것을 움직이는 힘들, 우리를 구성하는 물질, 생물체의 기원, 우리의 정신생활을 포함한 삶의 구조 등에 관한 지식의 본유적 가치에 민감하지 않았다." 그는 자신의 논점을 잘 보여주는 예로, 과학 지식에 포함되는 주요 항목들을 구체적으로 다음과 같이 열거했다.

1. "예를 들면, 우리의 행성은 상상할 수 없을 만큼 광대한 우주에 있는 보잘것없는 한 점에 불과하다." (1장에서 캐롤린 포르코 박사가 묘사한, 거의 보이지 않는 지구를 배경으로 거대한 토성을 찍은 사진을 상기해 보라.)

2. "세상의 모든 희망과 독창성은 에너지를 창조할 수 없고, 그것을
   손실 없이 사용할 수도 없다."

3. "우리 종(種)은 지구의 역사 가운데 아주 짧은 기간 동안에만 존
   재해 왔다."

4. "인간은 영장류(靈長類)에 속한다."

5. "정신은 생리학적 작용으로 움직이는 한 기관의 활동이다." (핑커
   박사는 자신의 사상을 포함한 정신과 생각이 그런 물리화학적 작용
   의 산물에 불과한지 여부는 말하지 않았다. 만일 그렇다면, 우리가 자
   랑하는 합리성은 뇌의 화학작용이 만들어 내는 환상이 아닐까 하고
   고민해 봐야 한다.)

6. "대단히 큰 규모와 아주 작은 규모로, 상식에 어긋나는 결론을 (때
   로는 아주 파격적으로) 내리지 않을 수 없도록 우리에게 강요하는
   진리를 확인하는 방법들이 존재한다." (핑커 박사는 여기에서 상대
   성이론(대단히 큰 규모)과 양자역학(아주 작은 규모)을 언급하고 있
   음이 분명하다. 물리학자들은 이 두 이론을 아주 만족스럽게 여기고
   그들의 연구에 필수적인 것으로 간주하지만, 양자 모두 상식적인 기
   대치에 어긋나는 것이다.)

7. "널리 받아들여지는 소중한 신념이 경험론적 시험을 거치면 종종
   심각한 오류로 판명되곤 한다." (핑커 박사는 종교적인 믿음, 특히
   성경에서 가르치는 것들을 언급하고 있는 것 같다. 그는 우리 시대에

널리 받아들여지는 소중한 과학적 신념이 있는지 여부는 말하지 않았다. 예를 들어, 임의의 유전적 변이들이 조합되어 복잡한 형태의 새로운 생물체를 만들 수 있다는 신념이 실험적 테스트를 거치도록 요구될 경우, 그 신념이 심각한 오류로 판명될 수 있는지는 언급하지 않았다.)

핑커는 과학적 신조의 기본 목록을 다음과 같이 한 마디로 요약했다. "내가 믿기로는, 이런 지식이 제2의 천성으로 배어 있지 않은 사람은 교육받은 사람이라고 할 수 없다." 과학적 지식이 제2의 천성이 되었다는 것은 그것이 상식으로 흡수되었다는 말인데, 정작 제2의 천성이 되어야 할 지식 가운데 하나는, 상식적인 신념조차도 엄밀한 과학적 시험을 거치면 "누구나 알고 있는" 것의 일부로 보호받기보다는 심각한 오류로 판명될 수 있다는 것이다.

핑커는 자신이 원칙적으로 찬성하지 않는 '이성과 신앙'이란 필수과목을 위해 가장 강력한 비판의 소리를 아껴 두었다. 그는 신앙을 종교적 믿음을 가리키는 완곡어로 정의했고, 타당한 이유 없이 어떤 것(가령, 하나님이 존재한다는 것)을 믿는 것을 뜻한다고 보았다. 이제까지 많은 저명한 철학자들과 과학자들이 하나님의 존재를 믿었음에도 불구하고, 그런 믿음을 가질 만한 타당한 이유가 혹시 있을지도 모른다는 점은 전혀 고려하지 않았다. 신앙을 그런 식으로 정의한 핑커는, 그 필수과목이 미신을 이성과 동일한 수준에 놓고 그것을 마치 지식을 추구하는 두 가지 동등한 방법 중 하나인 것처럼 여긴다고 의심했다. 대학은 오직 이성에만 헌신해야 하는 곳인 만큼 그런 식의 접근은 잘못된 것이라고 그는 말했다. 신앙은 종교 기관을 벗어난 곳에는 들어설 여지가 없고, 하버드와 같은 이성의 전당에는 당연히 들어설 자리가 없다. 핑커에게는 교양교육 위원회가 마치 학생들에게 천문학과 함께 점성술을, 화학과 함께 연금술을 공부하도록 요구하는 것처럼 보였던 모양이다. 만일 그 필수과목이 오늘날의 여러 충돌을 일으킨 책임이 종교적 차이에 있다는 가정에 기초해 있다면, 그 과목은 국제정치학의 한 과목으로 개설되어야 할 것이다. 왜냐하면 이 분야에서는 교수들이 특정한 사건을 다룰 때 종교가 중요한 요인인지 아닌지 여부를 정할 수 있기 때문이다. 따라서 이 경우에는 그 과목의 명칭을 다른 사람들이 사전에 정할 필요가 없을 것이다.

핑커 박사는 다음과 같은 진술로 글을 마무리했다.

우리〔하버드의 교수 위원회〕는 이 필수과목이 아주 폭넓게, 그리고 오랫동안 주목을 끌게 될 것임을 유념하지 않으면 안된다. 우리가 종교를 모든 과학, 모든 문화, 혹은 모든 세계역사 및 시사문제와 똑같은 범주로 취급하는 것은 거기에 중요성을 지나치게 크게 부여하는 셈이다. 서양의 다른 지역이 발 빠르게 움직이는 시대에, 그것은 미국의 시대착오적인 발상이라고 나는 생각한다.

핑커는 지구상의 동양이나 남방 지역을 언급할 필요성은 느끼지 못했다. 많은 미국의 지식인들과 마찬가지로, 그 역시 서유럽이 세계의 나머지 지역이 좇아야 할 문화적 금본위제를 설정하고 있다고 생각하는 것 같다.

그로부터 며칠 뒤에 「보스턴 글로브」(*The Boston Glove*)에서 그 위원회가 학생들에게 이른바 "종교를 다루는 과목"(이는 「보스턴 글로브」가 붙인 이름이다)을 이수하게 하겠다는 제안을 취소했다는 보도를 읽고 나서, 하버드 교수 위원회가 결국 핑커 교수의 논리에 설득당했다는 것을 알게 되었다. 위원회는 그 본래의 제안 대신에 '인간이 된다는 것은 무슨 뜻인가' 라는 과목을 제의했다. 「보스턴 글로브」의 하버드 소식통에 따르면, 개정된 이 필수과목은 "진화생물학과 인지과학뿐 아니라 종교사상과 예술과 문학과 철학을 모두 포괄할 것"이라고 한다. 거기에 신앙(faith)이란 붉은 글자가 빠져 있다는 것을 나는 눈치챘다.

교양교육 위원회의 팀장은 자신들이 그 주제에 대한 반론 때문에 과목을 변경한 것은 아니라고 주장했다. 그 대신 그들은 그 같은 이슈들이 다른 범주—도덕적 추론이나 미국 및 외국의 사회를 다루는 필수과목 등—에서 충분히 다뤄질 수 있다는 동료들의 주장(이것이 바로 핑커 교수가 주장했던 내용이다)에 설득되었다고 밝혔다. 이 신문은 이런 전환이 하버드 안팎에서 종교라는 주제가 교과과정에서 중요한 자리로 격상되기를 기대했던 일부 사람들을 분명히 실망시킬 것이라고 논평했다. 이 일화를 보고 내가 참으로 놀란 것은, 그 제안이 실패했기 때문이 아니라 하버드의 교수들 가운데 종교나 신앙—비록 이 두 단어가 동일한 것을 가리키지 않더라도—을 하버드 교과과정에서 중요한 자리로 격상시키기 원하는 사람들이 있다는 사실 때문이었다. 이른바 불가지론으로 채색되어 있던 한 세기 이상이 흐른 뒤에 마침내 그러한 시도가 이루어졌고, 그것이 갈 만큼 갈 수 있었다는 사실이 첫 시도가 성공하지 못했다는 사실보다 더 중요하지 않나 생각된다.

이 신문은 '보수적'이라는 딱지(이는 하버드에서 경멸조로 쓰이는 용어다)가 붙은 한 교수가 "나는 세속적이고 자유주의적인 하버드가 반란을 일으켰다고 생각한다"고 말한 것으로 보도했다. 이는 상당히 공정한 묘사일지 모르나, 그런 반란이 아주 큰 영향을 줄 것으로 보이지는 않는다. 우리가 하나님에 의해 창조되었는지 아니면 목적 없는 자연에 의해 만들어졌는지는, 시간의 척도를 어떻게 잡든 인간이 된다는 것의 의미와 연관이 있고, 따라서 하버드 학생들이 하나님 문제와 과학적 유물론이 세계관으로 적합한가 하는 문제를 기숙사와 식당에서 토론하게 될 것이라고 우리는 충분히 예상할 수 있다. 사실상 핑커 교수의 글이 본인의 의도대로 토론을 위한 전제조건이 아니라 오히려 검토하고 분석할 만한 도발적인 의견으로 간주될 수 있다면, 강의실 안팎에서 그런 토론을 도모하는 좋은 틀이 될 수 있다. (우리가 이 책에서 표명하는 견해도 그렇게 간주되어야 한다. 우리의 목표는 단번에 이슈들을 해결하는 것이 아니라 토론을 위한 의제를 제안하는 것이다.) 만일 내가 하버드 교수진 가운데 하나였다면, 그 과목의 이름을 '이성과 과학적 유물론'으로 하자고 제의했을 것이다. 그랬다면 과학적 유물론자들은 자신들의 견해에 그런 명성을 부여하는 것을 반대하지 않았을 테고, 동시에 그 과목명은 강의실에서 이성과 유물론이 동일한 것이 아닐 수도 있다는 점을 토론하도록 문을 열어 주었을 것이다.

마침내 일부 하버드 교수들은 근본적인 이슈를 강의실로 가져와서 토론하고 싶어 했을 것이다. 이런 일은 전체 계획에 대한 단번의 반응으로 일어나기보다는, 점차적으로 그리고 비공식적으로 일어났을 가능성이 높다. 하지만 그것이 최선의 열매일 수 있다. 우리는 이미 하버드 학생들 사이에 기독교적인 의식과 활동이 상당히 존재하고 있음을 알고 있다. 그것은 학생들이 부모에게 세뇌를 당했기 때문이 아니라, 하버드에 와서 보니 그 모든 탁월성에도 불구하고 영적으로 또 지적으로 무언가 중요한 것이 결여되었음을 발견했기 때문이다. 최근에 하버드 칼리지의 학장을 지낸 한 사람은 하버드 학부 과정에 관한 책에 「영혼이 없는 탁월성」(*Excellence Without a Soul*)이라는 제목을 붙여 출판했고, 다른 많은 이들도 하버드 교과과정에 무언가 중요한 것이 빠져 있다는 점을 알아차렸다.

하버드 학생들 가운데 일어나는 기독교의 르네상스에 관해 더 알고 싶다면 켈리 먼로 컬버그(Kelly Monroe Kullberg)가 쓴 「베리타스 포럼 이야기」(*Finding God Beyond Harvard*)를 읽으라고 권하는 바이다. 컬버그 양은 1980년대 말에 하버드 신학대학원(아마 미국에서 하나님을 발견하기가 가장 어려운 장소일 것이다)에 입학한 매력적이고 역동적인 젊은 여성으로, 거기에 남아서 '베리타스 포럼'(Veritas Forum, 'Veritas'[진리]는 하버드의 모토다)이라고 불리는 놀랄 만큼 성공적인 초청 강좌를 창설한 인물이다. 하버드의 지식인들에게 기독교 진리의 합리성을 고려해 보도록 도전하기 위해 개설된 이 연속강좌는 참여한 많은 학생과 교수들에게 생활의 일부로 자리 잡았고, 미국 전역에 그와 유사한 강좌를 개설하도록 만들었다. 핑커의 반대는, 베리타스 포럼이 제기한 이슈들이 적법하게 받아들여져 하버드 교과과정의 일부가 될 것을 우려했기 때문에 촉발된 것이 아닐까 하는 생각이 든다.

나는 하버드가 '이성과 신앙'을 교양교육의 필수과목으로 포함시켰으면 더 좋았을 것이라고 생각한다. 이 양자의 관계는 모든 교양교육에 중요한 주제이기 때문이고, 그것은 「보스턴 글로브」가 잘못 생각했듯이, 단지 "종교를 다루는 과목"만을 지칭하는 것이 아니기 때문이다.

스티븐 핑커 같은 자연주의적 합리주의자들은 신앙과 이성에 관한 토론을 시작할 때면 으레 이 주제를 다음과 같이 지나치게 단순화시키곤 한다. 첫째, 그들은 '신앙'(faith, 믿음)을 종교와 동일시함으로써 중요한 의미가 있는 신앙은 초자연적인 존재(하나님)를 믿는 신앙 밖에 없다고 잘못 추정한다. 이 합리주의자들은 이성은 당연히 초자연적 존재의 실재를 배격한다고 가정하기 때문에, 신앙은 당연히 비이성적이고 따라서 이성에 헌신한 공동체에서 진지하게 취급되어서는 안된다고 생각한다. 실제로 고통을 줄이기 위해 광기나 무지를 연구할 수 있듯이 그것도 충분히 연구할 수 있을 텐데도 말이다.

이와 전혀 다른 견해는 C. S. 루이스(Lewis)의 「순전한 기독교」(*Mere Christianity*)에 잘 설명되어 있다. 신앙을 갖는다는 것은 타당한 이유 없이 어떤 것을 믿는다는 뜻이 아니라, 당신이 혼란스러워서 어찌할 바를 모를 때 믿을 만한 타당한 이유가 있는 것을 신뢰한다는 뜻이다. 루이스는 일상생활에서 한 가지 예를 든다. 수영을 배우는 아이는 누가 잡아 주지 않는다고 해서 반드시 물에 가라앉는 것은 아니라는 사실을 너무도 잘 알고 있다. 많은 사람들이 물에 뜬 채 수영하는 것을 보았기 때문이다. 그런데 중요한 문제는, 강사가 아이의 손을 놓고 도와주지 않은 채로 그냥 두었을 때 아이가 계속해서 물에 뜰 것을 믿을 수 있을까 하는 점이다. 어쩌면 갑자기 믿지 못하고 겁에 질려 물에 가라앉을 수도 있을 것이다. 이 밖에도 운동 분야에서 많은 예를 끌어

올 수 있다. 운동선수는 자신이 연습한 기술이 경쟁의 스트레스 속에서도 잘 발휘될 것이라는 믿음을 갖고 있어야 한다. 자기 마음에 의심이 생기도록 허용하는 피겨 스케이팅 선수는 넘어질 가능성이 많고, 경기 중에 새로운 슛 폼을 채택하는 농구선수는 골을 넣을 가능성이 별로 없다. 골프선수들 사이에는 자신의 스윙에 대한 믿음을 가져야 한다는 것이 기본으로 통한다. 연습할 때는 티 위에 올려놓고 치지만, 일단 대회에 나가서 샷을 날릴 때는 긍정적인 생각만 하는 법이다.

특히 과학자들은 신앙의 사람이 되어야 한다. 과학적 연구조사는 어렵기도 하고 실망스러울 때도 많은데, 실패를 되풀이한 뒤에야 가끔씩 성공이 찾아오기 때문이다. 성공적인 과학자가 되려면, 아무리 어렵다고 해도 결국 성공할 것이라는 믿음을 버리지 않는 법을 배워야 한다. 이것도 일종의 신앙이지만, 원칙적으로는 합리적인 태도다. 왜냐하면 과거의 과학자들이 오랜 세월 좌절감을 맛보면서도 수없이 포기하고 싶은 유혹을 물리치고 나서야 결국 성공을 이룩한 경우를 알고 있기 때문이다. 역사가 우리에게 가르쳐 주는 교훈은, 겉으로 불가능해 보이는 목표를 과학자들이 달성할 것이라는 신앙을 갖는 것이 종종 합리적이고, 그러한 신앙을 비웃는 것은 때때로 비합리적이라는 것이다. 하지만 한계도 있다. 반복되는 실패는 지금까지 사용해온 수단으로는 목표에 도달할 수 없음을 보여주는 표시일 경우도 많고, 그런 표시를 무시하는 것은 신앙이 아니라 광기다.

연금술사들은 비(卑)금속을 금으로 변형시킬 수 있다는 신앙이 있었으나, 평생 동안 실패한 후에는 영웅이 아니라 우스운 존재가 되고 말았다. 현대의 과학자들이, 초기 지구의 자연적인 수단으로 결합된 무생물 화학물질이 어떻게 최초의 살아 있는 세포를 만들어 냈는지를 알아내기 위해 계속 노력해도 실패를 거듭하는 것을 볼 때면, 나는 연금술이 생각나곤 한다. 이러한 노력을 계속하기 위해서는, 자연주의 과학자들은 화학적 기적으로 보이는 일이 지극히 드문 우연과 화학법칙의 조합으로 과거에 실제로 일어났었다는 신앙을 갖지 않으면 안된다. 만일 그런 일이 없었다면 기나긴 생물학적 진화의 과정은 아예 시작될 수 없었을 테고, 지금 그 문제를 숙고하고 있는 우리도 존재할 수 없었을 것이라고 그들이 믿는 철학이 일러 주기 때문이다. 진화과학자들은 무생물 화학물질이 살아 있는 세포로 변형되는 일에는 지적인 존재의 개입이 필요했을 것이라는 나의 주장을 격렬하게 반대한다. 이유는, 당시에는 인간 화학자나 실험실이 지구상에 없었으므로 그 지적인 존재는 초자연적 존재일 수밖에 없을 것이기 때문이다. 이런 지적인 원인은 그들이 과학의 배신으로 간주하는 창조론으로 이어지게 되어 있다. 그러면 누가 더 합리적인가? 자신의 신앙에 매달리는 과학자인가, 아니면 증거와 실패한 실험의 기록을 인용하여 그런 신앙을 흔들려고 하는 법학자(나 자신)인가?

만일 내가 '이성과 신앙' 과목의 수업 계획을 세운다면, 맨 먼저 학생들에게 어떤 사람들(예컨대, 교회에서 만나는 사람들)은 신앙을 의지하는 데 비해 다른 사람들(예컨대, 실험실에서 만나는 사람들)은 순전히 이성만 의지한다고 추정하는 것은 잘못임을 일러 줄 것이다. 실은 모든 사람이 신앙을 의지하고 있고 모든 사람이 이성을 사용한다고 말하는 편이 훨씬 더 진실에 가까울 것이다. 예를 들어, 오늘날 많은 과학자들이 자연주의에 대한 절대 신앙을 갖고 있다. 이 맥락에서 자연주의(naturalism)란, 우리의 우주는 자연적인 인과관계로 돌아가는 닫힌 시스템이라고 말하는 철학적 신조를 일컫는다. 이러한 가정에 입각하여, 생명의 기원과 같은 모든 자연현상은 과학적 탐구가 가능한 자연적 원인―보다 구체적으로 말하면, 화학법칙과 우연의 조합―에 기초해서 설명할 수 있는 것으로 알려져 있다. 과학적 합리주의자들은 과학이 수많은 성공을 거두었기 때문에 절대 확신을 품고 이같은 신앙을 견지하는 일이 정당화된다고 생각한다. 그들은 과학적 자연주의에 대한 신앙이 이성에 의해 완전히 정당화된다고 생각한 나머지, 그것을 신앙으로 여기지 않고 명백한 이성의 실례로 간주하고 있다. 그러나 사실 올바른 신앙은 이성의 대안이 아니라 이성의 본질적인 요소에 해당한다. 그렇기 때문에 우리는 논쟁을 할 때 서로 이런 말을 하는 것이다. "당신이 신앙을 갖는 것은 잘못이 아니지만, 당신은 그 신앙을 좀 더 가치 있는 것에 두어야 한다." 공산주의자들은 역사가 자신들의 편이라고 확신했기 때문에, 그들의 체제가 모든 결함에도 불구하고 결국은 승리할 것이라는 믿음을 갖고 있었다. 그들이 믿음을 가졌던 것은 잘못이 아니지만, 그 믿음을 좀 더 가치 있는 것에 두었어야 했다고 할 수 있다.

보다 긍정적인 예로는, 윈스턴 처칠이 1940년에 품었던 신앙을 들 수 있다. 처칠의 전시 내각 관료들을 포함한 공정한 관측가들에게는 독일이 프랑스 전선을 돌파했을 때 그들이 사실상 전쟁을 이긴 것처럼 보였다. 그 지점에서 나치는 파리를 점령할 뿐 아니라 심지어 프랑스에 주둔한 영국 군대를 포위하여 손에 넣을 수도 있었다. 그래서 영국 정부의 평화당은 더 싸울 경우 더 많은 패배만 낳을 뿐이므로 강화를 추진하는 것이 합리적인 처신이라는 주장을 내세웠다.

그러나 처칠은 아예 협상을 고려하지 않고, 결과가 어떠하든지 영국은 죽도록 싸울 것이라고 선언했다. 이런 비타협적인 태도가 평화당에게는 비합리적인 것으로 비쳤고, 처칠이 현실을 인정하지 않는 것처럼 보였을 뿐이다. 왜냐하면 영국은 승전한 히틀러와 협상을 하지 않으면 안될 테니, 강화협상에서 최상의 조건을 얻어 내기 위해서는 영국 군대가 아직도 전쟁터에서 협상에 유리한 고지에 있을 동안에 추진해야 했다.

이런 논쟁의 와중에서 처칠은 객관적인 상황이 지극히 불리한데도 불구하고, 패배가 불가피하다는 것을 인정하지 않은 신앙의 사람이었다. 지금에 와서 뒤돌아보면 처칠이 옳았다는 것을 알게 된다. 독일의 병력은 겉으로 보이는 것처럼 불가항력적인 것이 아니었고, 1940년에 가서는 예측할 수 없는 새로운 상황이 전개되어 1941년에 러시아와 미국이 전쟁에 뛰어들었기 때문이다. 이것은 신앙의 사람이 역사를 바꿀 수 있었던 많은 사례 중 하나일 뿐이다. 학생들에게 또 다른 예를 들자면 아브라함 링컨을 거론할 수 있다. 그는 도무지 승리를 거둘 수 없을 것 같았던 미국의 남북전쟁에서 지극히 절망적인 순간을 극복해 낸 인물이었다.

가상의 예를 들자면, 톨킨(J. R. R. Tolkien)의 「왕의 귀환」(*The Return of the King*)에서 포위된 군대가 암흑의 문을 습격하고 소란을 일으켜 프로도로 하여금 절대 반지를 갖고 운명의 산에 도착하도록 도모했던 경우를 이야기할 수 있다. 그런 상황에서 이성은 절망을 명했을 테지만, 신앙은 승리를 가져왔던 것이다. 문학 작품에서 또 다른 예를 들면 이렇다. 셰익스피어의 오셀로는 아내 데스데모나가 자신에게 정절을 지켰다고 믿을 만한 이유가 충분했다. 그런데도 아내의 미덕에 대한 충분한 믿음이 결여되어 있었기 때문에, 교활한 이아고는 거짓 증거로 그녀가 다른 남자와 외도를 하고 있다고 그를 설득할 수 있었다. 오셀로에게 믿음이 없었다기보다는 그의 믿음이 아내의 정절보다 이아고의 정직함에 있었다고 말하는 편이 나을 것이다. 앞서 언급한 공산주의자들처럼 그는 자신의 신앙을 무가치한 대상에 두었기에 비합리적으로 행동했다고 할 수 있다.

신앙과 종교는 같은 것이 아니다. 이성과 과학(혹은 논리) 역시 동일한 것이 아니다. 이 세상에는 합리적인 신앙도 있고 비합리적인 과학이나 논리도 존재한다. 이를테면, 과대망상증 환자는 고도의 논리를 가지고 있다. 이 병은 자신이 세계의 주목을 받는 중심에 있다는 잘못된 인식에서 출발할 뿐이다. 신앙은 이성의 한 구성요소다. 우리는 원리에 입각해서 추론한다. 우리가 논리를 신봉하는 것도 일종의 신앙이다.

우리는 학생들에게 신앙이 그들의 삶에서 담당하는 역할에 관해 생각해 보도록 격려할 필요가 있다. 우리는 날마다 처음부터 다시 시작하지 않는다. 우리가 신뢰하게 된 사람과 사건들을 믿으면서 하루를 시작한다. 우리의 경험은 우리가 어떻게 살 것인지를 정하는 데 중요한 역할을 한다. 도킨스는 이 세계가 도덕적으로 제멋대로 움직인다고 보지만(그런 신앙을 갖고 있지만), 그렇지 않다고 생각할 만한 이유들이 분명히 존재한다. 1939년에 유럽을 지배했던 두 폭군은 엄청난 피해를 입히긴 했지만 그들의 난폭한 행위로 말미암아 결국 망하고 말았다.

3장
● 특별한 행성으로서의 지구

앞 장에서 살펴본 것처럼, 하버드 교수인 스티븐 핑커는 과학 지식의 필수 항목들을 열거하면서 그 첫 번째 항목을 다음과 같이 진술했다. "우리의 행성은 상상할 수 없을 만큼 광대한 우주에 있는 보잘것없는 한 점에 불과하다." 핑커의 진술에 깔려 있는 전제는 우주에서는 크기가 중요하다는 것이며, 그렇다면 단지 한 점은 당연히 보잘것없을 것이다. 그러나 어쩌면 아주 작은 행성이 몇 가지 주요한 면에서는 거대한 행성보다 더 중요할지도 모른다.

지구는 찬연한 고리들을 가진 거대한 토성에 비하면 그 크기가 무척 작은 것이 틀림없다. 하지만 지구는 토성에 없는 것을 분명히 가지고 있다. 말하자면, 생명을 품기에 적합한 보호대기(protective atmosphere), 인간을 비롯한 복잡한 식물군(群)과 동물군, 토성을 근접 촬영하여 그 아름다움을 흠모하게 해주는 우주 탐사 프로그램 등 우리의 예술적 성취와 과학기술의 업적 같은 것들이다. 이 점은 이제 이 장에서 다룰 문제로 이어진다. 지구의 생명 우호적인 특성은 유일무이한 것인가, 아니면 적어도 아주 드문 것인가? 혹시 우주의 다른 곳에 복잡한 생명체들과 발달된 기술문명을 품고 있는 수백만의 행성들이 존재하고 있는가? 먼 옛날은 물론이고 최근에도, 상상력이 풍부한 사람들은 다른 행성들에 지적인 존재와 발달된 문명이 존재할 가능성이 매우 높다고 생각했다. 일부 사람들은 지금도 그렇게 생각하고 있다. 20세기 초에 어떤 천문학자들은 화성 표면에 운하가 있는 것을 보았다고 보도했는데, 그게 사실일 경우에는 운하망을 건설하고 유지할 수 있는 문명이 존재한다는 것을 의미한다.

화성에 문명이 존재한다는 생각이 널리 퍼짐에 따라, 오슨 웰스는 1938년에 방송된 라디오 프로그램 '우주 전쟁'을 통해 미국의 대중을 공황 상태에 빠뜨릴 수 있었다. 나의 어린 시절에 있었던 일이 아직도 기억에 생생하다. 상상력이 풍부한 사람들이, 금성을 둘러싼 구름은 그 아래편에 강우림(降雨林)이 있음을 보여주는 것이므로, 지구의 강우림처럼 그곳에 생명체가 충만할 것이라고 추정했던 사건이다. 나중에 더 자세히 관찰한 후에 금성이 유독한 대기와 생명이 존재할 수 없는 표면 온도를 가지고 있다는 것을 알게 되자 큰 실망이 뒤따랐다. 과학자들은 아직도 화성에 한때 미생물이 존재했을 가능성이 있다고 생각한다. 그리고 토성의 가장 큰 위성인 타이탄도 그랬을 가능성이 있다고 본다. 내가 이 장을 쓰고 있는 동안에, 미항공우주국(NASA) 과학자들은 2008년 8월 1일에 화성 탐사선인 피닉스호가 화성 표면 아래에 얼어붙은 물이 존재하는 것을 확인했다고 발표했다. 뉴스 보도는 물의 발견에 이어 머지않아 화성에 존재하는 미생물을 발견하게 될 것이라고 추측했다. 만일 화성에서 어떤 생명체가 발견된다면, 그것은 굉장히 흥미로운 일일 것이다. 생명에 필요한 물과 화학물질이 존재함에도 불구하고 만일 아무 생명체도 발견되지 않는다면, 그것은 더 흥미로운 일일 것이다. 내가 예측하기로는, 과학자들이 '생명체'라 부를 수 있는 어떤 것이 발견되더라도, 우리가 지구에서 보는 생명체, 곧 복잡한 단백질 생성 조직을 갖춘 세포로 이루어진 생명체는 없을 것이다. 이 같은 생명체가 존재하려면 물과 알맞은 조건뿐 아니라 설계자도 필요하기 때문이다. 내 예측이 반증(反證)될 경우에 따르는 위험은, 세포로 이루어진 생명체가 설계자 없이도 진화할 수 있다는 문제가 아니라 그 설계자가 복수의 행성에서 활동했을 가능성이 있다는 점이다. 그러나 만일 화성에서 생명체가 발견된다면, 생물학을 지배하는 유물론자들은 그 생명체의 존재 자체를 화성이나 지구에서 생명이 시작되는 데 설계자가 필요하지 않았음을 증명하는 증거로 간주할 것이다.

더 이상은 아무도 우리 태양계에서는 지구 이외의 행성에서 복잡한 생명체나 문명을 발견할 것으로 기대하지 않는다. 다른 행성에서 지적인 생명체를 찾으려는 모든 희망을 이제는 SETI 프로젝트(외계 지적 생명체 탐사 프로젝트)에 걸고 있다. 이 프로젝트는 우리와 교신하려는 발전된 기술문명이 몇 광년이나 떨어진 곳에서 보내는 메시지를 담고 있는 전파 신호를 포착하기를 기대하며 하늘을 탐사하고 있다. 외계에 지적 생명체가 존재한다고 생각하는 과학자들은, 우리가 그들과 교신하기를 원하는 것처럼, 그들도 우리와 교신하기를 원한다고 생각한다. 우리가 그들의 신호를 발견하지 못한 것은 우리 쪽에서 충분히 긴 시간을 투자하지 않았거나 정확한 장소를 탐사하지 않았기 때문이라고 본다. SETI가 매우 열심히 찾고 있지만 아직까지 아무런 메시지도 접수하지 못했다. 전파 신호는 상당히 많았지만, 면밀히 조사한 결과 그 모든 신호는 지적인 전송자가 보낸 메시지가 아니라 자연적인(지적 능력이 없는) 물리적 원인들이 낳은 산물로 밝혀졌다.

오늘날 SETI에 열광하는 사람들 중에는 1960년대에 방영되었던 TV시리즈 '스타 트렉'(Star Trek)의 팬들이 많다. 이 시리즈에서 멋진 제임스 커크 선장과 용맹스러운 대원들은 우주선 '엔터프라즈호'를 타고 은하계를 철저히 탐사한다. 각 에피소드는 거주민이 있는 새로운 행성을 발견하고 거기로 "공간 이동" 하여 그들과 지략 대결을 벌이는 내용을 담고 있다. 그 외계인들은 종종 지구인들에게 생소한 행동을 하지만 신체적으로는 지구인들과 아주 비슷하며, 지구인들도 그들의 행성에서 숨을 쉬는 데 아무 어려움이 없다. '스타 트렉'은 홍미진진한 20세기의 과학적 신화였으며, 그 덕분에 아직까지도 많은 사람들이 우주의 다른 곳에서 발달된 기술문명을 발견할 수 있으리라는 희망을 버리지 못하고 있는 것 같다. 청소년 시절에 가상의 은하계를 탐사하여 놀라운 문명을 잔뜩 발견한 사람은 자연스럽게 외계문명이 존재한다고 믿을 것이다. 만일 외계인과 접촉하려고 애쓰는 일을 직업으로 삼고 있다면, 일단 그들의 존재를 믿지 않을 수 없을 것이다. 이 지적인 외계인들은 우리보다 훨씬 긴 시간 동안 진화해 왔기 때문에 우리보다 더 많은 지식과 지혜를 갖고 있을 것이므로, 장차 위기가 닥칠 때 우리를 인도해 주는 선생이 될 수 있다. 리처드 도킨스는 「이기적 유전자」(*The Selfish Gene*)에서 만일 뛰어난 지성을 가진 외계인들이 지구를 발견한다면 맨 먼저 우리에 관해 "그들은 아직도 진화를 알지 못하는가?"라고 물을 것이라고 추측했다. 이 질문은 마침내 다윈주의에 대한 끈질긴 회의론에 종지부를 찍는 것이었다! 그런데 도킨스는 그 가상적인 우월한 외계인들이 혹시 창조주가 우리에게 그 자신을 계시했는지 물어볼 수도 있다는 것은 미처 생각하지 못했다.

이제 우리가 공상과 추측에서 과학으로 눈을 돌리면, 우리의 행성이 아닌 다른 곳에 우리보다 우월하든 열등하든 지적인 생명체가 존재한다는 증거를 도무지 찾을 수 없다. 혹시라도 외계 문명이 존재하여 장차 우리와 접촉할지도 모르지만, 이성적으로 생각하면 과학과 문명은 오직 지구에만 존재할 가능성을 진지하게 고려해야 한다. 물론 어떤 사람들은 외계인에게 납치되어 한동안 과학 실험용으로 외계인 우주선에 갇혀 있었다고 지속적으로 주장한다. 한 하버드 정신의학자는 이러한 외계인 납치 사건을 믿는다고 선언하는 바람에 유명세를 타기도 했다. 만일 많은 과학자들처럼 외계인의 존재를 믿는 것이 타당하다면, 그 같은 납치 사건을 믿는 것도 타당하다고 생각했던 것 같다. 하지만 그러한 납치 사건은 물론이고 외계인의 존재에 대해서도 회의적인 태도를 갖는 것이 과학적인 사고방식에 더 어울릴 것이다.

만일 하버드에 '이성과 신앙' 과목이 개설되었더라면, 다른 행성에 생명체가 존재한다고 믿는 신앙은 아주 훌륭한 토론 주제가 되었을 것이다(2장을 보라). 오늘날 우리가 가지고 있는 모든 증거에 의거해 보면, 지구 이외의 장소에 지적인 생명체가 존재할 것으로 믿을 만한 근거가 별로 없다. 이처럼 복잡하고 다세포적인 생명을 가진 존재가 있을 만한 행성은 어디에도 없는 것 같다. 아주 먼 별들의 주위를 도는 행성들이 포착되기는 했지만, 대부분은 지구와는 너무나 다른 목성 같은 거대한 가스 덩어리로서 그 공전궤도가 물이 액체로 존재할 수 없을 정도로 그 행성의 태양에서 너무 멀든지 너무 가까운 위치에 있다. 어쩌면 가스 덩어리에도 매우 색다른 생명이 존재할지도 모르고, 그것이 지적인 존재일 것으로 상상하는 일도 가능하지만, 그런 생명이 존재한 다는 증거는 없고 존재하지 않는다고 믿을 만한 이유는 많이 있다. 최 근에 한 별에서 어느 정도 떨어진 곳에 암석으로 된 소수의 행성들이 발견되었고, 액체 상태의 물이 존재하기에 적합한 온도를 가지고 있을 지도 모른다는 소식이 전해지면서, 외계 생명체가 있을 가능성에 대한 흥미를 새롭게 유발하기는 했지만, 물이나 생명의 존재 그리고 특히 문명화된 생명체의 존재는 여전히 하나의 가설에 불과한 상황이다.

그러므로 우주에서 지구의 중요성에 관해 토론할 때는 지적인 생 명체가 이 행성에만 존재하고 다른 곳에서는 존재한 적이 없다고 가 정하는 것이 잠정적으로나마 합리적이다. 만일 우주의 다른 곳에 과 거나 현재에 지적인 생명체가 존재한다는 새로운 증거가 나타난다면 그러한 가정을 재고할 필요가 있겠지만, 그런 일이 있기까지는 지구 야말로 온 우주에서 현재와 과거를 막론하고 지적인 생명체—그리고 이보다 훨씬 단순한 생명체—가 존재하는 유일한 장소라는 점에서 매우 특별하다고 할 수 있다. 이런 전제를 인정한다면, 그 특별함은 과연 얼마나 큰 것일까? 언젠가 한 유물론자가 주장한 것이 생각난 다. 지적인 생명체의 존재가 중요한 이유는 우리가 그 지적인 종(種) 에 속해 있고 우리의 중요성을 부각시키는 데 관심이 있기 때문이라 는 주장이었다. 도대체 우리가 누구이기에 우리의 보잘것없는 생명이 토성의 찬연한 고리들이나 타이탄의 메탄이 흐르는 강들보다 더 중요하다고 말하는 것일까? 물론 만일 타이탄에 사람들이 존재한다면, 그들의 관점이 우리의 관점만큼 존중을 받아야 할 것이다. 그러나 토성과 타이탄에는 생명체가 없는 것처럼 보인다. 생명 없는 암석은 아무리 크고 화학물질이 풍부하더라도 어떤 관점을 가질 수는 없는 법이다. 만일 우리의 관점이 유일무이한 것이라면, 자화자찬을 하든 하지 않든, 아예 경쟁상대가 없는 셈이다.

만일 우리의 잠정적인 결론이 옳다면, 우주에서 지적인 생명체가 존재하는 유일한 장소라는 이 지구의 독보적 위치는 그 무엇의 공로로 돌려야 할까? 한 가지 가능한 답변은 우연일 것이다. 또 하나의 답변은, 이 행성을 복잡한 생명체가 살기에 알맞은 유일한 장소가 되도록 설계하고, 또 함께 교제할 수 있는 유일한 지적 피조물을 위한 거처로 준비시킨 우주의 설계자—그것을 하나님이라고 부르자—가 있을 수 있다는 것이다. 오늘날 어릴 때부터 과학을 자연주의 세계관에 헌신한 것으로 여기도록 교육받은 다윈주의 과학자라면 전자의 가능성(우연)만이 유일한 가능성이라고 주장할 것이다. 만일 그 설계자가 실재하는 것과 실재하지 않는 것을 결정하는 과학의 영역 안에 자리를 잡도록 허용하면, 실로 끔찍한 일이 일어날 것이기 때문이다. 그러나 이 책에서는 모든 합리적인 대안들을 자유로이 고려할 수 있는데, 여기에는 세속적인 압력단체들도 없고 불쑥 나타나서 우리에게 과학적 유물론자들이 인정한 대안들만 고려하도록 명령할 연방판사들도 없기 때문이다.

이쯤에서 한숨을 돌리면서 천문학자 귈레르모 곤잘레스(Guillermo Gonzalez)와 철학자 제이 리처즈(Jay Richards)가 공저한 중요한 책,「특권을 지닌 행성: 어떻게 우리 행성은 발견할 수 있게 설계되었는가」(*Privileged Planet: How Our Planet Is Designed for Discovery*, 첨부되어 있는 DVD는 사진을 곁들인 강좌의 형태로 이 책의 논점을 요약하고 있다)를 잠깐 살펴보도록 하자. 곤잘레스와 리처즈는 지구가 어떻게 우리와 같은 종을 생존하게 해줄 뿐 아니라 과학자들이 우주에 관한 발견을 할 수 있게 해주는 그런 독보적인 조건을 가지게 되었는지를 묘사하고 있다. 이는 마치 우주의 설계자가 우리의 존재에 필요한 모든 것을 준비해 주길 원했을 뿐 아니라, 과학적 조사를 통하여 우주에 관해 배우도록 우리를 격려해 주는 것 같다.

나는 이런 개념이 과학에 대한 신의 축복을 제공해 준다고 생각하고, 과학 기관들이 그러한 설계자를 관용해 줄 것이라고 순진하게 기대했다. 이런 낙관적인 생각은 우주가 이성(reason)에 뿌리를 두고 있을지 모른다고 잠깐 암시만 해도 거대과학이 자동적으로 분노한다는 사실을 미처 고려하지 못한 탓에 생긴 것이다. 설령 그것이 과학을 매우 소중하게 여기는 이성이라도 마찬가지다. 워싱턴 D. C.에 있는 스미스소니언 협회의 자연사 박물관 직원들이「특권을 지닌 행성」

DVD를 보여주려고 일정을 잡았을 때, 그것에 반대하는 시위가 조직되고, 시위에 동조하는 언론들이 동원되었으며, 그 비디오 방영이 취소되지 않으면 하늘이 무너질 것이라는 경고까지 선포되었다. 협회의 이사들은 적당히 책임을 회피하면서 그 행사의 수준을 낮춘 뒤에 DVD가 방영되도록 허락했다. 그 후에도 곤잘레스가 가르치는 학교에서 시위대가 조직되었고, 과학의 이단은 처벌을 면할 수 없다는 것을 보여주려는 듯이 상당한 반발이 뒤따랐다.

그 후에 곤잘레스는 뛰어난 강의와 출판 경력에도 불구하고 아이오와 주립 대학교에서 종신 교수로 승진되는 데 실패했다. 설령 과학이 다른 행성에도 존재한다 하더라도, 지구상의 과학은 정통 유물론에서 벗어나는 것을 용납하지 않는다는 점에서 지구는 특별한 행성으로 남을 것이다.

만일 지구가 문명화된 생명 혹은 그 어떤 생명이든 존재하는 유일한 장소라면, 무수히 많은 별이 있는 우주에서 지구는 어떤 중요성을 가지고 있는 것일까? 우주에 있는 수많은 행성 가운데 유독 한 행성에만 생명이 존재하는 것은 자연적인 원인이 낳은 결과인가, 아니면 지구를 이런 식으로 구별하기로 한 창조자의 존재를 가리키는 표시인가? 이것은 다윈주의 교리, 곧 지구의 생명은 자연적 원인으로 생겼고 임의의 변이와 자연선택에 의해 현재와 같은 복잡성과 다양성으로 진화했다는 교리와는 무슨 관계가 있는가? 만일 자연적인 원인들이 우리 주변에 보이는 엄청나게 복잡하고 다양한 유기체들을 창조할 수 있다면, 왜 다른 많은 행성에서는 그런 작업을 하지 않았는가?

과학적 합리주의자들은, 자연적 원인이 복잡한 생명을 만드는 능력에 의심의 눈초리를 보낸다고 해서 반드시 다른 설명이 옳다는 것을 의미하지는 않는다고 주장할 수 있다. 그리고 부당한 고통과 고난의 존재와 같은 다른 논증을 동원해서 초자연적인 선한 창조자의 존재를 부정하는 일도 가능하다. 이런 식의 논증은 이 장에서 다룬 다른 주제들에 비추어 강의실에서 충분히 토론할 만한 주제다. 그렇다면 기독교 유신론자는 이 문제에 어떻게 반응할 수 있을까?

이런 문제들을 검토하는 젊은 학생들에게 우주 탐사에 관한 많은 프로그램 중 일부를 택하여 그것을 시청하라는 과제를 주어도 좋겠다. 과제의 내용은 다른 행성에서 생명을 찾는 데 얼마나 큰 강조점을 두고 있는지, 그리고 거기서 말하는 내용을 신중하게 듣고 그 가운데 얼마나 많은 부분이 추측에 해당하는지를 적어 보라는 것이다. 그런 다음에 과연 무엇 때문에 지구가 생명이 존재하기에 알맞은 장소인지에 대해 더 많이 배우면 좋을 것이다. 그들이 생명을 위해 정확하게 알맞아야 할 조건이 얼마나 많은지를 배우게 되면, 그보다 더 큰 문제들에 관해 좀 더 명료하게 생각하는 데 도움이 될 것이다. 우주의 광대한 규모는 유신론을 입증하는가, 아니면 반증하는가? 지구는 과연 특별한 행성인가? 인간은 어떤가?

핑커는 올바른 질문을 제기했으나, 그의 답변은 과학적 증거에 관한 것 만큼이나 철학적 가정에 관한 것이기도 하다. 학생들은 강의실에서 유신론자의 관점과 무신론자의 관점을 모두 공정하게 들을 수 있어야 한다. 핑커의 철학이 그곳에서 표현된다면, 의견을 달리하는 유신론적 철학자들과 과학자들의 논증도 표명될 수 있어야 한다.

이런 공개적인 대화가 있다고 학생들이 특정한 관점을 취할 것이라는 보장은 없지만, 그렇게 하면 더 나은 교육이 이루어질 것이다.

4장
● 다윈주의 세계관

다윈주의(Darwinism)는 특정한 생물학 이론을 가리키기도 하고 사물에 관한 어떤 전반적인 사고방식, 곧 인식론을 가리킬 수도 있다. 왜 우리가 하나님이 없다고 믿어야 하는지를 설명하는 대목에서 리처드 도킨스는, 자연선택설의 능력을 특별히 중요시하면서 그것이 우리의 지성을 깨우쳐서 생물학 이외의 많은 주제에도 적용 가능한 사고방식을 열어 주는 이른바 의식 고양자의 역할을 한다고 주장한다. "자연선택은 삶 전체를 설명해 줄 뿐 아니라, 어떻게 조직화된 복잡성이 의도적인 지도(指導) 없이도 단순한 출발점으로부터 생겨날 수 있는지를 설명해 주는 과학의 위력을 깨닫도록 우리의 의식을 고양시켜 주기도 한다."[1] 이 진술이 전제하는 것은 생물학 이론에 대한 믿음이

다. 우리가 생물학 이론을 잘 이해하면, 그것이 모든 것을 자연적 원
인으로 설명해 주는 과학의 위력을 깨닫도록 우리의 의식을 고양시
켜 준다는 것이다. 그러므로 맨 먼저 그 이론에 대한 믿음이 오고, 그
후에 수정된 인식을 지닌 고양된 의식이 온다는 말이다. 하지만 어떤
경우에는 그 순서가 거꾸로 될 수도 있다는 것을 생각하면 더 큰 깨달
음이 오는 것 같다.

교수가 학생들에게 진화론을 가르칠 때는 먼저 정확한(자연주의
적인) 방식으로 그 주제에 접근하도록 지도해야 한다. 그렇게 하지 않
으면 저항에 부딪힐 것이기 때문이다. 학생들은 과학이 합리적인 것
과 그렇지 않은 것을 판단하는 최고의 심판관임을 배워야 한다. 그리
고 과학의 눈에 비친 이 세계는 오로지 물질적 실체로만 구성되어 있
고, 그것들이 물리 법칙이나 우연에 따라 서로 영향을 주고받는다고
배워야 한다. 하지만 과학 지식은 완전하지 않기 때문에 몇 가지 어려
운 문제에 대해서는 아직도 적절한 답변을 찾지 못했음을 교수도 시
인해야 할 것이다. 확실하게 알려진 것은, 진화가 우연이나 물리 법칙
과 같은 자연적 원인만 이용한다는 점이다. 진화가 진화되지 않은 지
성의 지도를 받는다고 상상하는 것은 헛되고 어리석은 일이다. 만일
이러한 준비단계를 제대로 밟기만 한다면, 학생들의 의식이 충분히
고양되어 자연주의적 진화론은 믿을 만한 것으로 보일 뿐 아니라 필
연적인 것으로 보일 것이다. 그들은 형이상학적 자연주의자나 물리

주의자로 사고하는 훈련을 받아야 할 것이다. 지성이란 것은 흔히 추정하듯이 자연적이고 물질적인 원인에 의해 진화된 뒤에야 어떤 역할을 수행할 수 있을 뿐이다. 그렇기 때문에 다윈주의 진화론은 생물학자에게 중요한 이론이다. 하지만 그 이상의 것이기도 하다. 일단 그 이론을 완전히 받아들이면 그것은 모든 것을 새로운 빛에 비추어 이해할 수 있도록 지성을 해방시켜 준다(또는 밀어붙인다).

이러한 가르침이 유물론 신자에게 미치는 영향은 종교적인 회심과 비슷하고, 프로이트주의나 마르크스주의가 과학으로 간주되던 시대에 그것으로 전향한 경우와도 유사하다. 그리스도인이 다윈주의 인식론을 받아들일 경우, 곧바로 무신론으로 전향할 가능성도 없지 않다. 또 어떤 경우에는 그리스도인이 유신론적 진화론자가 되어 다윈주의를 도킨스만큼 완강하게 변호하되, 진화론이 정통 기독교 신앙과 완전히 조화된다고 주장할 수 있다. 심지어는 인간을 비롯한 모든 종이 하나님의 지도 없이 순전히 자연적인 작용에 의해 진화되었음을 부인하는 그리스도인을 이단으로 취급하거나 "신성 모독적"이라고 비난할 수도 있다. 유신론적 진화론자들은 그들의 입장이 자가당착이라는 것을 보지 못한다. 그들은 스스로 '좋은 과학'을 수용하고 있다고 생각하고, 다윈주의 인식론을 그 고유한 분야인 생물학 바깥에 적용하는 것은 거부한다. 하지만 다음 세대가 다윈주의를 공부하게 되면 다음과 같은 핵심 사항을 파악하게 될 것이다. 만일 과학의 연구대상인 생물학 세계에 하나님이 들어설 자리가 없다면, 현실 속에 하나님이 들어설 자리는 없는 셈이라고 말이다.

도킨스는 다윈주의 이론이 폭넓게 적용되고 있는 예로서, 현대 우주론은 생물학적 자연선택설을 공동으로 발견한 찰스 다윈(Charles Darwin)과 알프레드 러셀 월리스(Alfred Russell Wallace)에 의해 시작되었다고 말한 어느 물리학자의 진술을 인용했다. 왜냐하면 이 두 사람은 초자연적인 존재의 역할을 완전히 배제시킨 채 인간의 존재를 설명한 최초의 인물이기 때문이다. 이것은 다윈주의의 핵심을 명쾌하게 진술한 것이다. 이것이 사실이라면, 진화론은 초자연적인 존재(예컨대, 하나님)의 역할을 완전히 부인하면서 우리의 존재를 설명해 주는 셈이다. (사실상 월리스는 자연선택설이 인간의 고도의 정신 작용을 설명할 수 없다고 주장함으로써 하나님이 다시 생물학으로 들어오도록 문을 열어 놓는 바람에 다윈의 분노를 불러일으켰다.) 다윈의 이론은 자연이 누군가의 도움 없이도 창조하는 일을 완수할 수 있고 또 완수했다고 주장하기 때문에 초자연적인 창조자의 존재를 군더더기로 만들어 버린다. 프랜시스 콜린스와 같은 유신론적 진화론자들은 다윈주의 인식론을 생물학 이론으로부터 분리시키고, 후자는 맹렬하게 변호하지만 전자는 좁은 범위 내에 가두어 두려고 함으로써, 유신론적 진화론자도 생물학 이외의 다른 모든 주제에 대해서는 창조론자처럼 생각할 수 있음을 보여주려고 한다. 우리가 1장에서 보았듯이,

프랜시스 콜린스는 과학을 몽땅 유물론자에게 넘겨주고 싶지 않기에, 생명의 존재를 가능케 하는 물리학의 기본상수(fundamental constants)를 미세 조율한 행위자가 바로 하나님이라고 주장함으로써 하나님의 자리를 확보하려고 애쓰는 것이다. 리처드 도킨스와 같이 나 역시 이처럼 논의의 분야를 생물학에서 물리학으로 후퇴하는 책략을 달갑지 않게 생각하는 입장인데, 이는 생물학자가 생물학에서는 자연주의적 추론만 사용하다가 물리학에서는 유신론적 추론을 도입하는 것이 어떻게 논리적 일관성을 가질 수 있는지를 설명하지 못하기 때문이다.

의식이 충분히 고양된 다윈주의자라면, 자신이 취할 논리적인 행동은 기독교 인식론으로 다윈주의를 이해하려는 것이 아니라, 기독교적 신념을 다윈주의 인식론(하나님과 같은 초자연적 행위자의 역할을 모두 배제시키는 것) 내에 가두어 두는 것임을 알게 될 것이다. 이런 방향으로 탐구하게 되면, 기독교적 신념이 진리인지의 여부는 문제가 되지 않는다. 왜냐하면 기독교적 신념이 그 안의 모든 초자연적 요소들이 잘려 나가 생존할 수 없다면, 그것이 진리일 가능성은 애초에 당연히 배제되기 때문이다.

일관성 있는 다윈주의자의 유일한 관심사는, 인류 역사에서 임의의 유전적 변이의 결과로 어떻게 종교적 신념을 좋아하는 성향이 생겼고 여태껏 살아남았는가 하는 것이다. 원시적인 환경에서는 종교적 신념을 지향하는 유전자를 가진 자들이 그것이 없는 자들과도 결혼하는 경향이 있었기 때문이다. 이러한 다윈주의 세계관은 오늘날의 환경에서는 "신적 유전자"(god gene)가 인류의 생존을 위협하기 때문에 긴급히 그 활동력을 없애거나 속박할 필요가 있다는 입장과 동일하다.

나도 이 점에서는 도킨스의 논리에 일관성이 있다고 인정한다. 만일 자연선택설이 정말로 삶 전체를 설명해 준다면, 우리는 그것이 인간의 행위와 하나님에 대한 믿음 등 삶의 총체적인 측면을 모두 설명해 줄 것으로 기대해야 한다. 그렇기 때문에 사회적 다윈주의의 이름으로 이제까지 얼마나 많은 만행이 저질러졌든지 간에 그것을 멸절시키는 일은 불가능한 것이다. 사회적 다윈주의는 보다 광범위한 다윈주의에 확고히 뿌리를 내리고 있기 때문에, 그 사상의 핵심은 결국 새로운 이름을 내걸고 되돌아와서 다시 높은 위상을 확보할 것이다. 여기서 "광범위한 다윈주의"(greater Darwinism)라는 용어는 완전히 고양된 의식에서 나오는 다윈주의 세계관을 일컫는 것으로서, 비교적 빽빽한 중심 도시를 둘러싼 넓은 도시 지역을 언급할 때 사용하는 말을 빌려 온 것이다.

1장에서 다룬 프랜시스 콜린스와 리처드 도킨스의 논쟁은 과학이론으로서의 다윈주의와 인식론 내지는 모든 것에 관한 사고방식으로서의 다윈주의 간의 차이를 잘 보여주고 있다. 프랜시스 콜린스는 다윈주의의 모든 과학적 주장은 다 받아들일 뿐 아니라 열렬하게 변호하지만, 우주론으로부터 하나님이 들어설 과학적 토대를 확보함으로써 진화론을 기독교적 인식론의 틀에 꿰맞추려고 노력한다. 물론 이 같은 입장은 과학이 모든 것을 설명할 수 있다는 자연주의의 신념을 흔드는 데 일조할 가능성도 있다.

다윈주의 인식론의 관점에서 보면, 콜린스는 아직까지 다윈주의 연구를 통한 높은 의식 수준에 완전히 도달하지 못한 사람이다. 콜린스의 생물학은 정통파에 속하지만, 그는 다윈주의의 핵심을 놓치고 있다. 용감하게도 그는 다윈주의를 기독교 세계관의 틀에 꿰맞추려고 애쓴다. 하지만 그리스도인이 단지 생물학 이론만 다루고 다윈주의 인식론을 무시하는 한, 그런 시도는 거의 성공할 수 없다. 그러나 대니얼 데닛이 「다윈의 위험한 아이디어」(*Darwin's Dangerous Idea*)에 썼듯이, 다윈주의에 완전히 동화되면 그것은 일종의 철학적인 "보편적 산"(universal acid)과 같아서 모든 전통적 개념을 다 먹어 치운 뒤에 결국 혁명적인 세계관만을 남겨 놓는다. 이제까지 여러 사상가들이 대대로 이 산의 부식력으로부터 무언가를 보호하기 위해 그것을 보관하는 길을 찾으려고 노력했다. 그러나 보편적 산의 특징은 모든 것을 먹어 치우는 데 있으며, 그 산은 그것을 보관하기로 되어 있는 용기까지 부식시키고 만다.

무신론 선언서라고 할 수 있는 도킨스의 「만들어진 신」은 아주 야심차고 대담한 작품이다. 우리는 이 책을 높이 평가하고, 도킨스의 사고방식이 미국과 같은 명목적인 기독교 국가에서조차(아니, 어쩌면 그렇기 때문에) 굉장한 주목을 끌고 있다는 것을 충분히 이해할 수 있다. 미국에 기독교 인구가 압도적으로 많기 때문에 불신자들이 방어적인 입장을 취하게 되는 것 같다. 이와 같은 전통은 '회의주의자 협회'(Skeptics Society)나 「회의적인 탐구자」(*Skeptical Enquirer*)지에 흐르고 있는데, 이들은 하나님의 존재나 기독교 신앙의 어떤 부분을 겨냥해서 회의론을 주장하는 것이 보통이다. "회의주의자들"은 과학적 유물론이라든가 초등학교에서 박사과정까지 불변의 진리로 배우는 오늘날의 과학 "신조"에 대해서는 회의를 품지 않는다. 사실상 오늘날 교육의 모든 단계에서 자연주의 세계관을 정통교리로 가르치는 것을 감안하면, 그리스도인들이야말로 회의론의 당연한 대상이 아니라 오히려 진정한 회의주의자라고 불러야 옳을 것이다.

2007년 4월 15일자 「뉴욕 타임스」는 보수적 성향을 띤 탁월한 필자인 데이비드 브룩스(David Brooks)의 평론, '다윈의 시대'라는 글을 실었다. 그는 먼저 포스트모더니즘에 공손하게 절한 뒤에, 오늘날 대다수의 역사가들은 역사가 오늘까지 계속 진보만 거듭해 왔다고 추정하는 거대담론을 싫어한다고 말했다. 곧이어 방향을 바꾸고 나서 "'우리' 같은 포스트모더니스트들은 모든 것을 설명해 주는 거대담론을 혐오한다고 하지만, 사실은 새로운 거대담론이 다짜고짜 우리에게 몰래 기어 들어와 지금은 사방에 진을 치고 있다. 한때는 성경이, 그 다음에는 마르크스가, 그 후에는 프로이트가 모든 대화를 지배했었는데, 지금은 다윈이 도처에 널려 있다." 브룩스는 어떻게 유리한 변종들이 기존의 모집단에 널리 퍼지는지에 관한 다윈의 본래 이론을 언급하는 것이 아니라, 리처드 도킨스와 그 동료들의 책을 통하여 지식인 계층에 널리 퍼진 이기적 유전자 중심의 다윈주의 세계관을 가리키고 있다.

브룩스는 이렇게 글을 이어 나갔다.

「타임」지나 「뉴스위크」(*Newsweek*)지가 우리의 유전자가 어떻게 우리의 운동 습관에서부터 기분에 이르기까지 모든 것을 좌우하는지를 다룬 표지 글을 싣지 않는 달이 없을 정도다.……신경과학자들이 베스트셀러에 오른 책들에서 하나님의 존재를 놓고 논쟁하는 동안에, 진화론은 심리학과 식이요법과 문학비평을 새로 만들고 있다. 자신감과 환희에 넘치는 진화론자들은 그들에게 인간의 행위를 설명할 수 있는 보편적인 틀이 있다고 믿는다.

이는 충분히 지당한 말이지만, 신경과학자들이 하나님의 존재를 놓고 논쟁한다는 진술은 오해의 소지가 있다. 그들이 가끔 그런 논쟁을 할지는 모르지만, 보통은 하나님의 존재를 놓고 논쟁하기보다 사람들이 하나님이나 어떤 것을 믿는 이유를 뇌의 화학작용에 비추어 유전학적으로 설명한다고 말하는 것이 옳다. 부식성이 강한 다윈주의 방법론이 절대로 적용되지 않는 분야가 하나 있는데, 그것은 바로 다윈주의 그 자체다. 이 신념을 너무도 소중히 여기는 나머지 그처럼 품위 없는 조사 대상으로는 삼을 수 없기 때문이다. 다른 모든 것은 환원주의의 산(酸)에 의해 모래로 분해되더라도, 이 신념만은 절대로 확실한 것임에 틀림없다. 따라서 다윈주의 자체가 이성이 아니라 뇌의 화학작용의 산물일 가능성은 결코 언급되지 않을 뿐 아니라 「타임」지의 표지에 실릴 가능성은 더더욱 없다.

당신이 인식론적으로 압도적인 지위를 가지고 있을 때는 굳이 경쟁자들과 대등하게 논쟁할 필요가 없다. 왜냐하면 당신이 가지고 있는 패러다임의 언어로 그것을 설명함으로써 상대를 압도하는 것이 더 안전하고 더 치명적이기 때문이다. 프로이트주의자들도 이와 같은 방법을 사용하곤 했다. 프로이트가 과학자의 역할을 맡고 그의 독자들에게 그토록 많은 과학연구 대상의 배역을 맡겼을 때, 프로이트의 이론을 믿지 않겠다는 독자는 진실을 대면하기를 싫어하는 사람이며, 그처럼 현실을 "부인하는" 사람은 정신분석적 치료에 의해서만 도움을 받을 수 있다. 프로이트가 쓴 유명한 책 「환상의 미래」(*The Future of an Illusion*)는, 종교 신자들을 소파에 앉혀 놓고 점점 더 많은 사람들이 프로이트와 같은 정신과학자로부터 어떻게 환상이 형성

되는지를 배움에 따라 환상에 의한 하나님의 존재가 장차 사라질 것
임을 예측하는 책이다. 대학 시절에 이 책을 과제물로 받았던 것이 기
억난다. 당시는 과학의 가면을 쓴 프로이트주의가 환상인 것이 드러
나 그 이론이 극소수의 완강한 제자들을 제외한 대다수의 사람들에
게 영향력을 잃어버리기 단 한 세대 전이었다. 결국에는 프로이트의
책 제목에 있는 "환상"이 그 자신의 이론인 것으로 판명되었다. 지금
은 다윈주의자들이 이전의 마르크스주의자나 프로이트주의자와 같
은 처지에 놓여 있다. 그들은 자신들이 모든 것에 관한 이론을 가지고
있고, 그 덕분에 이 위대한 이론을 배우지 못했거나 믿기를 거부하는
사람들에게는 없는 막강한 힘을 가지게 되었다고 확신하고 있다. 마
르크스와 프로이트의 실례는 한 세대에 전능한 힘을 가졌던 이론이
다음 세대에는 그 모든 마력을 잃을 수 있다는 것을 보여준다. 샘 해
리스는 「종교의 종말」(*The End of Faith*)이란 책을 썼다. 그 대신에 어
쩌면 다윈주의 거대담론이 종말에 이르게 될지도 모른다.

브룩스의 글이 온라인에 게재된 지 두 주 남짓 지난 뒤인 5월 2일
자 「뉴욕 타임스」는 미국 전역에 걸쳐 수많은 대학교—하버드 대학
교, 매디슨의 위스콘신 대학교, 내가 몸담고 있는 버클리의 캘리포니
아 주립 대학교 등 아주 다양한 곳—에서 학생들이 (관찰자들이 기억
하는 한) 과거의 그 어느 때보다 더 열정적으로 종교에 매력을 느끼고
있다고 보도했다. 이 보도에서 구체적으로 어느 종교인지를 밝히지

는 않았지만, 문맥으로 볼 때 대체로 기독학생회(IVF)와 같은 교회 병행단체들을 중심으로 한 복음주의 기독교임이 분명하다. 이런 단체들이 「타임」지나 「뉴스위크」지의 표지에 등장하지는 않지만, 오늘날의 그 대학생들은 장차 차세대의 지적인 리더들이 될 것이다. 우리는 분명 참 흥미로운 시대에 살고 있다. 한편에는, 지지자들의 지원을 받아 계속 세력이 커지고 있는 유물론적 거대담론이 있는데, 그들은 종교적 믿음을 포함한 모든 것을 DNA 혹은 뇌의 화학작용 같은 물질적 원인의 산물로 설명할 수 있는 힘이 있다고 자신하고 있다. 가장 널리 알려진 일부 과학자들은 무척 대담한 행동을 취하면서 대중에게 하나님 믿기를 멈추도록 촉구할 뿐 아니라, 하나님을 믿는 사람들을 존경하거나 관용하지도 말라고 요구하고 있다. 다른 한편에는, 최고의 명문 대학들에 과거 어느 때보다 더 기독교 신앙에 헌신해 있는 대학생 세대가 존재하고 있다. 이 학생들이 졸업한 뒤에 과학자로, 대학의 교수로, 혹은 언론계의 영향력 있는 지위로 진출하면 과연 무슨 일이 일어날까? 그들은 선임들과 사이좋게 지내기 위해 세속화되고 불가지론적인 세계관에 동화될 것인가, 아니면 자신들의 신앙을 지키고 그와 함께 미국과 세계의 문화를 바꾸게 될 것인가?

"사이좋게 지내는" 문제는 젊은 학자들에게 중요한 것이다. 다윈주의는 특정한 문화적 엘리트의 권위를 공인하고, 그 권위에 의문을 제기하는 것을 싫어할 것이다. 그들이 일종의 우월감을 느끼는 것은,

우리가 어떻게 해서 존재하게 되었는지 그 "진정한 이야기"를 알고 있다고 생각하기 때문이다. 그들은 그 이야기에 기초하여 대중에게 강의할 수 있다. 그것은 우리가 누구인지를 알려 주는 핵심 이야기이기 때문에, 그들은 우리가 어디로 가고 있는지, 우리가 어떻게 행동해야 하는지를 일러 줄 권위도 갖고 있다고 믿는다. 그들의 "진정한 이야기"에 의문을 제기하는 사람은 누구든지 찬밥 신세를 면치 못하고, 직업적인 문제와 사회적인 문제에 봉착하게 될 것이다.

나의 (점치는) 수정 구슬은 다른 모든 사람의 것처럼 흐리기 때문에, 이처럼 이른 시점에 승자를 점찍고 싶은 생각은 없다. 내가 말하려는 것은 지금이 이른 시점이라는 것이고, 한두 세대가 지난 후에 세계가 어떻게 될 것인지를 내다보는 전문가들의 예상은 종종 빗나가기 일쑤라는 점을 염두에 두어야 한다는 것이다. 오늘날의 새로운 무신론자들과 관련하여 내가 좋아하는 것은 그들의 답변은 틀리지만 올바른 질문에 주목하고 있다는 점이다. 하나님은 실재하는 존재인가, 아니면 상상의 산물인가? 나의 학창시절만 해도 전문가들은 하나같이 사람들이 현대 과학기술에 점차 의존하게 될수록 이 세계는 세속화될 수밖에 없을 것이라고 예측했었다. 그런데 그 같은 일은 일어나지 않았다. 오늘날 하나님을 믿는 신앙은 한 세기 전에 못지않게 강력한 수준을 유지하고 있으며, 기술적으로 비교적 뒤떨어진 지역들뿐 아니라 가장 현대화된 명문 대학들에서도 그러하다. 현재로선 유전자 중심의 진화론적 유물론이 서양 문화를 지배하는 듯이 보이지만, 그처럼 높은 형이상적인 위상은 늘 변하는 세계에서 위태롭기 짝이 없는 것이다.

우리로서는 이 세계가 지금부터 20년 뒤에는 어떤 모습일지를 알 길이 없고, 한 세기 뒤는 더더욱 알 수 없지만, 지금 대학에서 논란이 되는 이슈들이 미래의 세계를 형성하는 데 중요한 역할을 할 것임은 분명히 알고 있다. 그렇기 때문에 나는 모든 사람에게 오늘날의 과학적 무신론자들이 자신 있게 내세우는 주장을 꼭 공부하라고 권하고 싶다. 그 주장이 우리를 설득하든지 혹은 반박하게 만들든지, 그것은 우리에게 20세기의 대학이 대체로 무시한 것들, 곧 장래는 물론이고 현재를 이해하기 원하는 사람에게 절대로 필요한 것들에 관해 생각하도록 격려해 줄 것이다. 리처드 도킨스와 그 추종자들은, 우리가 다윈주의를 완전히 이해하면 우리 세계에 창조자도 없고 초월적인 목적도 없다는 것을 깨닫게 될 것이라고 생각한다. 그러나 다윈주의 주장과 그들이 증명할 수 있는 것 사이에 엄청난 간격이 있다는 것을 충분히 이해하면, 자연선택설의 작용원리가 참으로 놀라운 창조력을 소유하고 있다는 다윈주위자들의 주장이 한 번도 증명되지 못했다는 사실을 알게 될 것이다.

다윈주의가 지금처럼 군림하게 된 것은 실험이 성공했기 때문이 아니라 그들의 자신만만한 주장 덕분이었다. 다윈주의의 변두리 부분에만 결정적인 결함이 있는 것이 아니라, 그 중심부에 있는 메커니즘, 곧 모든 자연주의적 기적을 일으킬 수 있다는 그 메커니즘에도 결정적인 결함이 있다. 젊은이들은 권위 있는 과학자들의 관점과 지적 설계론 주장자들의 관점 등 양자의 관점에서 다윈주의에 관한 글을 폭넓게 읽는 것이 필요하며, 그들 스스로 무엇이 "진정한 이야기"인지에 대해 결론을 내릴 필요가 있다.

5장
● 물리학이 말하는 '하나님 가설'

하와이 대학교의 물리학과 천문학 분야의 명예교수인 빅터 스텐저 (Victor Stenger)는 비교적 알려지지 않은 학자지만 새로운 과학적 무신론자 그룹에서는 중요한 전사와 같은 인물이다. 스텐저의 저서는 그 제목에 논지가 명쾌하게 표현되어 있다. 바로 「물리학의 세계에 신의 공간은 없다」(*God, the Failed Hypothesis: How Science Shows That God Does Not Exist*)라는 책이다. 부제에서는 하나님의 존재를 지지하는 입장이 의심스럽다는 것을 입증할 뿐 아니라, '과학'이라고 알려진 추상적이지만 권위 있는 실체가 한 부정적인 명제—하나님이 존재하지 않는다는 것—를 증명하는 무척 어려운 공적을 세웠음을 보여주겠다는 실로 대담한 약속을 하고 있다.

스텐저가 말하는 하나님(God)은 그리스도인과 무슬림과 종교적인 유대인이 예배하는 인격적인 하나님을 일컫는다. 스텐저가 실제로 보여주는 것은, 모든 것을 물질적 관점에서 설명하기로 헌신한 과학에서 하나님을 하나의 가설로 잘못 설정할 경우에는 과학의 목표를 증진시키는 데 아무런 도움이 되지 않는다는 점이다. 이런 식으로 그 문제를 진술하는 것은 이상하고 부적절하다. 철학적으로 생각하면, 하나님은 물리주의에 헌신한 과학에서 하나의 가설이 될 수 없고, 오히려 물리주의와 대립 관계에 있는 형이상학적 토대가 된다. 이 유신론적인 형이상학적 토대는 왜 우리 세계가 과학적 조사가 가능한 합리적 원리들에 의해 움직이고 있는지, 그리고 왜 이 세계가 위대한 과학자들과 요한 세바스찬 바흐 및 윌리엄 셰익스피어와 같은 예술가들의 천재적인 소질과 함께 수많은 유기체를 가지고 있는지를 이해하는 데 큰 도움을 준다. 스텐저의 주장에도 불구하고 유신론은 단지 과학의 구멍 난 부분들을 틀어막기 위해 고안된 철학이 아니다. 자연선택설은 생물학에서는 나름의 자리를 차지하고 있지만, 아주 특별한 자질의 발생은 설명하지 못한다. 말하자면, 이른바 호모사피엔스가 진화했다는 그 당시의 전반적인 상황에서 인류의 재생산을 촉진시키는 데 도움이 되지 않았을 독특한 자질의 발생은 도무지 설명하지 못한다는 뜻이다.

　스텐저가 말하는 과학은 더욱 이해하기가 어렵다. 분명한 것은 그것이 미국의 국립 과학 아카데미와 같은 권위 있는 기관이 내린 정의와는 다르다는 사실이다. 이 아카데미는 사실상 하나님의 존재에 관한 문제에서는 중립적인 입장을 지킨다고 주장한다. 비록 자연적(물질적)인 원인이 역사상의 모든 사건을 설명할 수 있는지 여부와 관련된 이슈에서는 중립적인 입장을 견지하지 않는 것이 분명하지만 말이다. 미국의 과학 기관들은 오직 자연주의적인 이론들만이 공인된 과학의 정의에 의해 허용된다고 주장하고 있다. 이 기관들은, 과학은 그 정의상 자연적 원인으로 모든 자연현상을 설명하는 일에 헌신하고 있다고 말하면서, 이러한 정의는 어떤 지적인 원인이 최초의 살아 있는 세포의 기원과 같은 획기적인 일에 관여했을 가능성을 아예 고려하지 못하게 한다고 했다. 왜냐하면 그런 지적인 원인은 반드시 초자연적인 성격을 갖고 있을 것이기 때문이다. 그들은 최초의 세포의 기원과 같은 문제를 설명하기에 적절한 자연주의적 이론이 없다는 것을 잘 알고 있으면서도(압력을 가하면 때때로 이 점을 인정하기도 한다) 그렇게 말한다.

스텐저는 이처럼 정의상 초자연적 존재를 과학에서 배제하는 입장을 비판하는데, 그럴 경우에는 진화론적 자연주의를 비판하는 사람들이 과학은 증거가 아닌 편견에 기초하여 하나님의 창조 행위를 아예 부정한다고 지적할 것으로 예상하기 때문이다. 그러나 그는 자연적 원인이 어떻게 생명이 없는 화학물질로부터 살아 있는 세포를 창조할 수 있는지, 혹은 박테리아 조상으로부터 어떻게 포유동물과 새로 진화할 수 있는지를 설명하려고 하지는 않는다. 그 대신 다윈주의 거대담론을 당연시하고, 유물론자들이 그의 철학이 요구하는 것을 답변해 줄 것으로 가정하고 있다.

빅터 스텐저는 리처드 도킨스와 샘 해리스의 초대형 베스트셀러에 비하면 조금밖에 책을 팔지 못했지만, 내가 이 장에서 그의 책에 특히 주목하는 이유는 새로운 무신론 운동을 알고 싶은 사람이라면 꼭 읽어야 할 중요한 저서이기 때문이다.

리처드 도킨스가 표지에 쓴 찬사를 읽어 보면 스텐저의 책이 프랜시스 콜린스(오로지 목적성이 없는 자연의 힘만이 생명의 다양성과 복잡성을 창조할 능력이 있다는 다윈주의의 주장은 논박하지 않고, 생명이 진화하도록 허용하는 우주의 미세 조율에서만 창조자의 역할을 찾으려고 하는 인물)와 같은 유신론적 진화론자들을 반박하는 무신론자의 전략에 어떻게 잘 들어맞는지를 알 수 있다. 도킨스는, 이 책의 1장에 묘사된 「타임」지의 논쟁에서 프랜시스 콜린스가 시도한, 생물학으로부터 우주적 미세 조율로의 움직임을 전적으로 봉쇄한 스텐저를 칭찬하고 있다. 도킨스의 화려한 찬사를 인용하면 이렇다.

다윈이 생물학 속의 〔콜린스의〕 오랜 소굴로부터 하나님을 몰아내자, 그는 허둥지둥 물리학의 토끼 굴로 내려갔다. 우리는 우주의 법칙들과 물리상수들이 너무 훌륭해서 믿을 수가 없다는 말을 종종 듣는다. 마침내 생명의 진화를 허용할 만큼 정교하게 조율되어 있기 때문이다. 그래서 이 착오를 우리에게 보여줄 좋은 물리학자가 필요했는데, 빅터 스텐저가 그 역할을 훌륭하게 해주고 있다. 신자들은 물론 그 마음을 바꾸지 않겠지만(이것이 신앙의 의미니까), 빅터 스텐저는 토끼를 사냥할 흰 족제비 무리를 최후의 피난처에 집어넣었고 하나님은 숨어 있던 그곳에서 도망치고 있다.

하나님의 존재를 변호하는 우주론적 논증에 반대하는 스텐저의 입장을 묘사하려면, 질문과 응답의 형식을 취하는 것이 최선이다(여기서 응답은 내 것이 아니라 스텐저의 것이다).

질문: 만일 우주가 영원하지 않고 빅뱅에 그 출발점이 있다면, 우주는 그 자체 외부에 어떤 원인이 있어야 하고, 따라서 창조자가 있다는 뜻이 아닌가?

응답: "우주가 빅뱅과 함께 시작되었다는 주장은 현존하는 물리학과 천문학에서 그 근거를 찾을 수 없다.……이제까지 발표된 이론적 모델들은 현재의 우주가 먼저 있던 우주로부터 양자터널링(quantum tunneling)이나 이른바 양자요동(quantum fluctuations)

에 의해 출현했다〔출현했을 수 있다〕는 그런 메커니즘을 시사하고 있다." 스티븐 호킹(Stephen Hawking)은 한 대중적인 책에서 우주가 공간이나 시간에 출발점이나 종착점이 없는 이른바 "무경계"(no boundary) 모델을 제시했다.

확대된 응답: "저명한 물리학자들과 천문학자들은 평판이 좋은 여러 과학 학술지에 우주가 '무로부터' 자연스럽게 생길 수도 있었다고 보는 이론들을 발표했다. 현재로서는 정확히 어떻게 우주가 출현했는지를 '입증할' 수 있는 모델이 없다. 그러나 과학 지식의 이런 간극에 기초하여 하나님의 존재를 증명하려는 모든 논증은 실패할 수밖에 없는데, 이유는 기존 지식의 틀 내에서도 개연성 있는 자연적인 메커니즘들을 제공할 수 있기 때문이다."

스텐저는 과학이 하나님의 존재를 반증했다고 자신만만하게 주장했지만, 그의 언어가 아주 잠정적인 성격을 띠고 있음을 독자들은 알아차렸을 것이다. 그는 순전히 이론적인 모델과 "개연성 있는" 메커니즘(누구에게 개연성이 있는가?)만 인용할 뿐 결코 증명은 하지 못한다. 어쩌면 그의 목표가 실은 부정적인 명제를 증명하는 것이 아니라 다음과 같은 명제를 주장하는 것이기 때문일 수도 있다. 즉 하나님이 물리학에서 가설로 제의되더라도 그 가설은 불필요한 것일 수 있는데,

그것은 과학자들이 일식과 월식 또는 혜성과 같은 사건을 설명하듯이 결국에는 자연적 원인에 의거하여 의문의 현상을 설명하는 데 성공할 가능성이 있기 때문이라는 주장이다. 스텐저는 유물론적 과학자들이 하나님을 고려 대상에서 제외시키기 위해 굳이 무엇을 증명할 필요가 없다고 보는 것 같다. 그들이 어떤 현상이든 그것을 일으키는 자연적 원인이 언젠가 발견될 수도 있다고—비록 아직은 존재하지 않지만—약속하는 어떤 추측에 의존할 수도 있기 때문이다.

스텐저는 혹시 하나님이 유물론적인 탐구활동에서 물리학의 가설이 아닌 그 무엇일지도 모른다는 생각은 전혀 하지 않는 모양이다. 이와 달리, 우리는 형이상학적 토대에 서서 하나님에 관해 생각한다. 그 토대에 설 때 우리는 물리학을 연구할 수 있는 인간의 능력을 포함한 이 세계의 의미를 이해할 수 있기 때문이다.

스텐저의 주장에 아주 독창적인 면이 있다면, 대다수의 과학 기관들이 견지하는 정통적인 입장, 곧 과학은 자연세계와 자연적 원인을 설명하는 데 국한되므로 하나님의 존재 여부에 대해서는 할 말이 없다는 입장을 강력히 거부하는 점이다. 이 기관들은 과학을 자연적 원인에 국한시킴으로써 공식적인 과학이 독단적으로 자연주의를 고집한다고 불평하는 자들에게 하나의 논거를 제공한다고 그는 설명한다.

"그런데 어떤 유형이든 독단주의는 과학의 정반대 편에 있는 것"이라고 그는 말한다. 그리고 이렇게 결론을 내린다. "과학자들이 우주에 있는 지적 설계의 증거와 같은 주장에 반대를 표명하는 것은 독단적인 주장이 아니다. 그들은 다른 모든 특별한 주장에 적용하는 기준을 여기에도 적용하고 특별한 증거를 요구하는 것일 뿐이다."

이 점에서 스텐저가 탐구했어야 할 문제는, 특별한 증거를 요구하는 특별한 주장이라는 것이 무엇인지를 우리가 어떻게 알 수 있느냐 하는 것이다. 그는 이런 탐구는 하지 않고, 단순하게 유신론적 주장은 본래 특이하기 때문에 냉대를 받아야 하고, 반면에 자연주의적 주장은 아무리 환상적이라도 본래 일반 과학의 일부이므로 유물론자들의 개연성 판정 이상의 증거가 필요 없다는 식의 가정에 빠져 있다.

만일 한 과학자가 전문 학술지에 자연주의적인 이론을 발표하기만 하면, 그 이론이 아무리 사변적이라 할지라도 그는 필요한 조치를 다 취한 셈이다. 만일 그 사람이 스티븐 호킹과 같이 존경받는 과학자라면, 그리고 대중적인 책이라도 출판한다면 그것으로 과학의 증거가 하나님의 존재를 지지해 준다는 주장을 묵살하기에 충분할 것이다. 지금쯤이면 독자 여러분이 유신론의 찬반 논증에 대한 스텐저의 접근이 공정하지 않다는 점을 간파했을 것이다. 유신론자들은 자연주의가 창조의 문제를 해결할 수 없다는 증거를 반드시 제공해야 하지만, 무신론자들은 자신들의 주장을 발표하기만 하면 된다고 생각하기 때문이다. 이를테면, 도무지 발견할 수 없는 다중 우주와 같은 터무니없는 실체들도 만일 유신론을 반박하는 방향으로 제기되면 얼마든지 수용할 수 있다는 입장이다. 무신론자들이 이와 같이 일방적인 규칙을 강요한다면 논쟁은 시작하기도 전에 이미 끝난 셈이다. 이런 의미에서, 스텐저의 우주는 무신론을 위해 미세 조율이 되어 있다고 말해도 좋겠다.

질문: 물리 법칙들은 어디에서 왔는가?

응답: 흔히들 그 법칙들이 우주 외부의 어딘가에서 왔음이 틀림없다고 믿는다. 그러나 이것은 증명할 수 있는 사실이 아니다. 종종 주관성을 띠는 우주론 분야에서 "증명할 수 있는 사실"이란 정확히 무엇이며, 어떻게 증명한다는 말인가? 물론 종종 주관성을 띠는 우주론 분야에서, 만일 이론가들이 증명할 수 있는 사실들에만 의존한다면 할 일이 별로 없을 것이다. 스텐저는 그 법칙들이 우주 내부에서 발생할 수 없었다고 주장할 만한 근거는 없다고 말한다. 하지만 순전히 물질적 원인으로 말미암아 생긴 우주가 어떻게 해서 무질서하지 않고 법칙에 따라 운행되는지는 설명하지 않는다. 이런 스텐저의 진술은 물리 법칙들의 성격 및 그 기원에 관해 흥미로운 토론을 불러일으킬 수 있다.

이 장과 앞 장들에서 제기한 이슈들을 충분히 생각한 뒤에 몇 가지 전반적인 질문들을 놓고 토론해도 좋을 것이다. 어떻게 하면 우리는 단지 권위—특히 과학의 권위—에만 기초를 두고 있는 것을 믿지 않을 수 있겠는가? 진실은 어느 지점에 개입하는가? 과연 하나님을 하나의 과학적 가설로 평가하는 일이 적합한가?

6장
• 오래된 책의 걸림돌

필립 존슨과 내가 일어나기를 기대하는 유신론자와 무신론자 간의 대화 앞에는 큰 걸림돌이 놓여 있다. 새로운 무신론자들은 흔히 그리스도인이 읽는 책, 그들이 받는 교육, 그들의 문화 등을 오해하기 때문에 의사소통이 빗나가고는 한다. 내가 다음 세 장에서 맡은 임무는 이러한 의사소통의 장벽을 허물기 시작하는 것이다.

우리는 대화를 열렬히 환영하지만, 그리스도인이 믿는 내용에 무지하거나 그들의 업적을 존중하지 않는 태도로 임하는 대화는 원치 않는다.

대화를 방해하는 가장 큰 걸림돌의 하나는 언어의 문제다. 유신론이 지닌 최고의 지혜들은 고대의 문헌에서 많이 발견되기 때문에 그것을 이해하려면 어느 정도의 훈련이 필요하다. 하지만 유감스럽게도 새로운 무신론자들은 그런 문헌을 제대로 읽지 않기 때문에 그 논점을 파악하지 못하고 만다.

학문적 관점에서 보면 리처드 도킨스 같은 새로운 무신론자들이 성경을 공격하는 것은 무방하지만, 그들이 그러한 책을 읽는 법을 모른다는 것은 결코 바람직하지 않다. 그러한 책을 기록한 원어를 전혀 모른 채, 혹은 어떻게 읽어야 하는지에 대한 훈련을 받지 않은 채 그것에 접근하곤 한다. 이 같은 무지함을 계기로 오히려 젊은 학생들은 오래된 책을 읽는 방법을 배울 수 있을 것이다.

「만들어진 신」에서 리처드 도킨스는 성경에 대해 이렇게 말한다.

공정하게 말하면 성경의 많은 부분은 체계적으로 악한 것이 아니라 한마디로 이상하기 짝이 없다고 하겠다. 아니, 9세기란 긴 세월에 걸쳐, 우리에게 또 서로에게 거의 알려지지 않은 수백의 익명의 저자들과 편집자들과 필경사들에 의해 편집되고 개정되고 번역되고 왜곡되고 "개선된" 책이요, 체계가 없는 문서들을 아무렇게나 꿰맞춘 선집이니, 더 이상 무엇을 기대할 수 있겠는가?[1]

이러한 글을 읽으면, 성경에 대한 나름의 의견을 가지고 있는 사람은 차라리 그 책을 읽는 법을 아는 것이 좋겠다는 생각이 든다.

세속주의자들이 성경을 읽는 방식은 자민족 중심적인 여행객이 외국을 방문하는 모습과 너무나 비슷하다. 자신이 방문하는 나라의 음식이 미국의 음식과 다르다는 이유로 맥도날드만 고집하다가 진수성찬을 놓치는 미국인 여행객은 무척 어리석은 사람이다. 실은 성경을 아예 피하거나 오해하는 사람도 그 같은 여행객과 다를 바가 없다.

첫째, 나는 한 가지 점에서는 도킨스와 의견을 같이한다. 그것은 성경은 단순한 책이 아니라, 적어도 66권에 이르는 책들이 하나로 묶인 것이라는 점이다. 그 책들은 제각기 별개이고 몇몇은 판이하게 다르다. 성경은 현대 소설도 아니고, 현대 역사도 아니며, 과학 서적도 아니다. 그렇다고 해서 이야기와 역사와 과학적 사실을 담고 있지 않다는 뜻은 아니다. 다만 그러한 종류의 책들과 동일시할 수 없다는 말이다.

둘째, 성경은 내 취향에 맞지 않더라도 인류 역사에서 가장 중요한 책일 수 있다. 특정한 작품을 좋아하는 것과 그 위대함을 인정하는 것은 서로 별개의 문제다. 우리가 좋아하지 않는 것은 굳이 신경을 많이 쓸 필요가 없기에 쉽게 무시할 수 있지만, 그렇다고 성경이 사라지는 것은 아니다.

셋째, 성경은 과거의 많은 위대한 예술과 철학과 과학에 동기를 부여했다. 만일 당신이 탕자의 이야기를 모른다면 대단히 많은 미술품의 의미를 놓치게 될 것이다. 신약성경에 나오는 예수의 말을 읽지 않는다면, 아브라함 링컨의 발언 중 많은 대목을 놓치고 말 것이다.

성경이 도킨스의 주장처럼 어리석지 않다는 것은 놀랄 일이 아니다. 오랜 세월에 걸쳐 타당한 이유를 가지고 그와 같은 비판들을 견뎌 냈기 때문이다. 성경을 제대로 이해하면 그것이 눈부신 예술 작품이자 문학 작품임을 알 수 있다. 그래서 종교적인 사람이나 비종교적인 사람을 막론하고, 학자들은 성경 가운데서 단 한 권의 책만을 연구하는 데도 평생을 바치는 것이다.

만일 하나님이 성경을 썼다고 한다면, 그것은 아주 다양하고 많은 인간 저자들과 협력하여 그렇게 했다는 뜻이다. 성경은 거룩하고 신성한 책일 뿐 아니라 인간성이 배어 있는 책이기도 하다. 성경 스스로의 주장에 따르면, 성경이라 불리는 이 전집은 하나님이 인간들에게 최상의 방식으로 자신을 계시하는 책이다. 성경은 하나님이 인류의 귀에 들려주는 보편적인 메시지이지만, 인간은 여전히 자신의 한계와 어리석음과 약점을 안고 그것을 접하기 마련이다.

성경을 여느 책을 읽듯이 한번 읽어 보라. 그 책의 양식과 문화적 맥락을 눈여겨보라. 열린 마음을 가지고 읽어 보라. 그리하면 기독교나 다른 종교나 세속의 온갖 고대 문헌을 읽을 때와 같이 다음과 같은 점을 분명히 느끼게 될 것이다. 본문에 사랑을 품으면 사고의 폭이 넓어지고 그것이 더욱 풍성한 의미로 다가온다는 것을 말이다. 독자가 굳이 그 메시지에 동의할 필요는 없지만, 적어도 그 내용은 알게 될 것이다. 그리고 그럴 경우에는 오해에 기초한 대화가 아닌 의미 있는 대화의 문이 열릴 것이다.

사랑, 오래된 책을 읽는 법

사랑을 품고 어떤 책을 읽는다는 것은 독서의 황금률을 그 책에 적용한다는 뜻이다. 최선의 것을 바라면서 읽고, 꼭 그래야 한다면 최악의 것만 믿으면서 읽는 태도이다. 현명한 독자라면 저자의 의도에 따라 책을 읽으려고 할 것이다.

우리가 책을 읽을 때 선입견과 편견의 제약을 받을 필요가 있는가? 내 경우에는, 최대한 저자의 관점을 수용하려고 노력하면 더욱 참신하게 읽을 수 있다는 것을 경험했다. 현명한 독자라면 으레 그 책을 "내 것"으로 만들려고 노력할 것이다. 가장 현명한 독자는 먼저 위대한 책에 담긴 사랑스러운 것을 배우고, 그 다음에 한 걸음 물러서서 오류를 보는 법이다. 물론 그 시대와 관점이 우리와는 무척 다른 오래된 책에 대해 그렇게 하기란 더욱 어려운 일이다.

다행스럽게도, 오래된 책이든 새로운 책이든 그것을 읽는 데 큰 도움이 되는 분야가 하나 있다. 이 분야를 일컬어 '해석학'이라고 부른다. 해석학은 오래된 책을 더 잘 읽도록 돕기 위해 다음의 몇 가지 질문을 제시한다.

1. **누가 그 책을 썼는가? 최초의 청중은 누구였는가?** 만일 필자를 알 수 있다면, 이로 말미암아 그 글의 한계나 그가 사용했을 만한 양식을 알아낼 수도 있다. 필자를 아는 것은 그가 말하려고 했던 본뜻을 들여다볼 수 있는 통찰을 제공하기도 한다.

그 책의 최초의 청중은 이보다 더 중요하다. 현대의 독자는 가능한 한 최초의 독자의 한계와 선입견을 이해하려고 애써야 한다. 성경의 어떤 책을 쓸 때에도 저자와 청중이 사용할 수 있는 어휘에는 한계가 있었다.

만일 어떤 사물을 가리키는 단어나 개념이 당시에 없었다면, 성경의 한 책이 그것을 사용하지 못했거나 가르치지 못했다고 저자를 탓할 수는 없는 노릇이다. 고대 히브리어와 그리스어가 그들이 사용했던 언어다. 이 언어들은 하나님이 말할 수 있는 내용을 제한했다. 유대 민족에게 '유일신론'(monotheism)의 개념을 이해시키는 데만 해도 여러 세기에 걸친 역사와 논쟁과 경험이 필요했다. 성경이 인권에 관해 말하는 것을 비판하는 소리를 들어 보면 이런 한계를 무시하고 있음을 알 수 있다.

2. **나는 무엇을 읽고 있는가? 이것은 무슨 종류의 책인가?** 이 질문은 문학 양식(genre)에 관한 물음이다.

양식이 중요한 이유는 독자에게 무엇을 기대할지를 알려 주기 때문이다. 시(詩)는 역사와는 다른 규칙에 따라 읽어야 하고, 고대의 시와 고대의 역사는 현대의 그것과 다른 규칙으로 읽어야 한다. 이러한 규칙을 모르면 후대의 독자는 어리석은 오류에 빠지기 십상이다.

한 가지 예를 들어 보자. 고대 문학의 일부 양식은 현대와는 다른 방식으로 숫자를 사용한다. 현대인의 문학작품에서 40이란 숫자를 사용할 때는 39와 41사이에 있는 숫자를 정확히 가리키는 것이 보통이다. 하지만 고대 문학의 일부 양식에서는 종종 그렇지 않았다.

고대인은 숫자를 수학적으로 사용하는 방법도 알고 있었지만, 보통은 하나의 상징으로 사용했다. 고대 문헌의 일부 양식에서는(창세기나 플라톤의 「티마에우스」[*Timaeus*] 같은) 숫자가 이 양자의 역할을 모두 할 때도 있지만, 대부분은 상징의 기능을 수행한다. 이를테면, 통일된 이스라엘을 다스린 최초의 세 왕(사울, 다윗, 솔로몬)이 모두 40년을 다스렸다고 기록되어 있으면, 그것은 정확히 "40년"이 아니라 상징적인 숫자일 가능성이 높다.

3. 나는 어떻게 읽어야 하는가? 이 특정한 양식을 잘 읽을 수 있는 규칙은 무엇인가? 현명한 독자는 일단 양식을 파악한 뒤에 그 본문에 적절한 규칙을 적용하기 마련이다. 예컨대, 성경의 많은 부분은 시에 속한다.

히브리 시의 기본 형식은 병행법이다. 고대 유대의 시인은 흔히 둘째 행을 첫째 행의 메시지를 설명하거나 되풀이하는 데 사용했다. 각 행이 다른 행에 주석을 다는 것이다. 시편 2편 4절을 보라.

> 하늘에 계신 이가 웃으심이여
>
> 주께서 그들을 비웃으시리로다.

여기서 현명한 독자는 한 가지 내용이 두 가지 방식으로 표현되고 있음을 간파할 것이다. 주님은 인간의 권력에 대해 염려하지 않는다. 하나님은 "웃으신다." 이처럼 인간의 감정으로 묘사된 주님의 반응은 둘째 행—주께서 그들을 비웃으시리로다—에 의해 설명되고 있다. 하나님의 웃음이라는 시적인 은유는 인간의 교만과 권력을 비웃는 그분의 모습을 강력하게 묘사해 준다. 따라서 이 두 행을 하나로 읽는 것이 최선의 방법이다.

4. **이 책은 언제 쓰였는가? 그 배경은 무엇인가?** 모든 책은 반드시 그것이 기록된 시대의 제약을 받고 또 장소의 영향도 받는 법이다. 신성을 지닌 책을 포함한 모든 작품은 특정한 장소에서, 그리고 특정한 사람들로부터 태어나기 마련이다. 보편적인 사상이 많이 있지만, 그렇지 않은 사상도 어느 정도 있다. 한 시대에 통하는 관용구가 다른 시대에는 통하지 않을 수 있다. 한 시대에 당연시되는 지리학 지식이 다른

시대에는 당연시되지 않는다.

성경과 같은 위대한 책은 시대의 변천에 따라 모호해진 부분들이 있기 마련인데, 그러한 부분을 이해하려면 약간의 노력이 필요하다. 하지만 그 노력은 거기에 담긴 영원한 진리를 얻기 위해 투자할 만한 가치가 있다.

5. 저자와 동시대에 살았던 사려 깊은 독자는 그 책으로부터 무엇을 얻었는가? 저자는 무엇을 말하려고 했는가? 저자의 의도가 전부는 아닐지라도 중요한 것은 분명하다. 만일 우리가 어떤 책으로부터 무언가를 얻고 싶은 마음이 있다면, 저자의 의도는 우리의 지평을 넓혀주는 좋은 길이라고 할 수 있다.

6. 만일 그 중심 메시지가 참이라면 어떻게 할 것인가? 그 메시지가 참이라면, 그것이 지닌 함의는 무엇인가? 그것은 과연 참인가? 이것이 무엇보다 우리를 흥분시키는 물음이다. 우리는 상상력을 동원하여 어떤 종교적, 철학적, 혹은 과학적인 사상이 진리일지도 모른다고 얼마든지 생각해 볼 수 있다.

사실 어떤 책 속에 "깊이 들어가려면" 그 책에 공감하는 일이 반드시 필요한데, 대다수의 학생들은 그러한 훈련을 받지 못한 상태다. 물론 우리가 선입견에서 완전히 해방되는 일은 불가능하지만, 우리에게는 "영화 속에 빠져서" 잠시나마 그것이 현실이 아니라는 것을 잊어버린 경험이 있다. 영화는 우리에게 사랑이나 미움이나 두려움 등 온갖 감정을 불러일으킬 수 있다. 우리가 영화로 그 같은 경험을 할 수 있다면, 책을 읽을 때도 상상력을 동원할 수 있지 않겠는가?

리처드 도킨스와 같은 새로운 무신론자들은 이런 여섯 가지 해석의 원리를 자주 잊어버린다. 그리고 많은 대학에서 똑같은 실수가 자주 반복된다. 성경 과목이 개설된 대학도 때로는 마찬가지다. 그래서 우리 대학들은 학생들에게 위대한 작품을 읽는 법을 가르칠 필요가 있다. 나는 초보자들에게 모티머 애들러(Mortimer J. Adler)의 「생각을 넓혀 주는 독서법」(*How to Read a Book*)을 읽으라고 권하고 싶다. 이보다 한 걸음 더 나아가고 싶은 독자에게는 복음주의적 기독교의 관점에서 쓴 두 권의 훌륭한 책을 추천하는 바이다. 하나는 나의 대학 동료 교수인 월트 러셀(Walt Russell)이 쓴 「불장난」(*Playing with Fire*)이고, 다른 하나는 고든 피(Gordon Fee)와 더글라스 스튜어트(Douglas Stuart)가 쓴 「성경을 어떻게 읽을 것인가」(*How to Read the Bible for All Its Worth*)이다.

오래된 책으로부터 배울 것이 있는가

당신은 이 시대에 살고 있는 것이 기쁘지 않은가? 오늘날처럼 수많은 사람이 높은 생활수준을 유지한 적은 일찍이 없었다. 교육을 받는 것은 중요한 일인데, 지금은 많은 사람에게 교육의 기회가 주어져 있다. 당신이 21세기의 서양에서 태어났다면, 당신은 역사적인 복권에 당첨된 셈이다!

이러한 좋은 소식에도 불구하고 우울증과 자살률의 증가를 보면 만사가 형통한 것만은 아니다. 어째서 우리는 더 행복하지 않은 것일까?

그 이유 중 하나는 문화적 엘리트 계층이 지식에 이르는 길을 과학으로만 국한시키기 때문이다. 그런데 과학은 현존하는 것(존재)의 작은 일부만 묘사할 뿐 바람직한 상태(당위)에 대해서는 말해 줄 수 없기 때문에 우리에게 잘 사는 법을 가르쳐 줄 수 없다는 문제가 있다.

과학은 형이상학적인 차원에 대해 무지할 뿐 아니라 인간에게 사물의 중요성이나 가치를 말해 줄 수도 없다. 어떤 사물이 존재하고 있다면, 그것은 얼마만한 가치가 있을까? 그 사물이 더 많이 있는 것이 좋을까? 인간은 참새보다 더 가치 있는 존재인가? 물리적 영역에서조차 과학은 한 사물의 물리적 무게만 알려 줄 수 있을 뿐이지, 사람이 거기에 부여해야 할 도덕적 무게는 알려 줄 수 없다. 존재(is)는 결코 당위(ought)와 동일시될 수 없는 법이다.

만일 이것이 사실이라면, 과학적 지식이 아닌 다른 지혜도 존재한다고 볼 수 있다. 우리가 과학 발전의 황금기에 살고 있다고 해서 역사의 황금기에 살고 있다는 뜻은 아니다. 어쩌면 과학적으로는 발전하고 있지만 도덕적으로는 후퇴하고 있을지도 모르기 때문이다.

오래된 양서들은 우리가 잊어버린 교훈들을 담고 있다. 즉 실재하는 윤리의 세계에서 사람들이 경험한 것을 담고 있고, 그 경험의 의미에 관해 설명해 주기도 한다. 빅토리아 시대 이후 도덕은 기술적 발전과 직업적 진보보다 무척 뒤쳐져 있기 때문에, 성경과 같은 오래된 책을 읽는 일은 이처럼 중요한 대화에 참여하는 길을 열어 준다.

성경을 비판하는 자들은 우리에게 성경을 읽되 그 메시지를 공격하라고 부추길 것이다. 리처드 도킨스와 크리스토퍼 히친스 같은 인물들은 최근 저서에서 성경의 메시지는 괴물 같다고 주장했다. 심지어 도킨스는 구약성경의 하나님은 살인자요 악한이라고까지 비난했다. 과연 그러한가? 이 질문에 답하기 전에 우리가 혹시 또 다른 기술(記述)적 실수를 범하지 않았는지 확인하는 것이 필요하다. 무신론자와 유신론자가 서로 대화를 하려면, 각각 상대편의 견해를 올바로 이해하고 있는지를 확인해야 한다.

하나님이 혁명가가 되는 것은 과연 윤리적인 일인가

오래된 책을 읽을 때 우리가 범하기 쉬운 잘못을 C. S. 루이스는 '연대기적 속물근성'(chronological snobbery)이라고 불렀다. 연대기적 속물과 시간의 관계는 자민족 중심적인 인물과 민족의 관계와 같다. 그러한 사람은 상상의 나래를 펴서 과거를 방문할 때, 마치 영화 '타이타닉'(Titanic)의 작가요 감독이었던 제임스 캐머런(James Cameron)이 1912년 당시의 사람들을 보았던 것처럼 과거를 보게 된다. 즉 웃기는 옷을 입고 적은 물건을 가지고 있는 근대인으로 보는 것이다.

그러나 아브라함은 아이팟(iPod) 없이 양 떼를 치던 미국인이 아니었다.

성경의 하나님은 감사하게도 혁명가가 아니다. 인간 문화의 급격한 변화는 최상의 결과를 낳은 적이 별로 없는데, 하나님은 프랑스혁명이나 러시아혁명 같은 실수를 범하지 않는 분이다. 아주 선한 것이라도 그것보다 더 큰 해를 초래하지 않게 하려면 그것을 서서히 도입하는 일이 필요하다는 것을 하나님은 알기 때문이다.

하나님이 사람들에게 성숙할 수 있는 기회를 주고 싶다면, 그들에게 익숙한 언어와 개념으로 그들과 소통하지 않으면 안된다. 이를테면, 부족민에게 원자(atom)의 운동방식을 설명하려고 노력하는 일은 쓸데없는 짓에 불과하다. 그들은 그 같은 메시지의 의미를 이해할 수 있는 정신적 어휘를 가지고 있지 않기 때문이다. 물론 하나님은 이 모든 것을 단번에 인류에게 계시할 수도 있지만, 그럴 경우에는 자연스러운 문화 발달이 일어날 수 없고 인간의 자유가 극대화되는 일도 생기기 않을 것이다.

그렇다면 왜 자연스러운 발달이 그토록 중요한가? 한 사회가 스스로 진(眞)과 선(善)과 미(美)를 배우지 못하면, 결코 성숙한 문화가 될 수 없을 것이다. 그럴 경우에는 영원히 종교 의식에 의존한 채 실재에 대한 합리적인 지식이 아닌 마법의 지식만 가지게 될 것이다. 하나님의 계시가 없으면 우리는 길을 잃을 수밖에 없지만, 감사하게도 하나님은 우리가 그분의 말씀을 이해하도록 시간을 주는 분이다. 즉 그 말씀을 우리의 상상력에 억지로 밀어 넣지 않는다는 뜻이다.

현재 우리에게 간단해 보이는 사상들은 하나님의 영의 활동과 더불어 수천 년에 걸친 인간 사유의 결과물이다. 훗날 점진적인 진보를 가져온 위대한 사상들을 이해하려면 특수한 재능이 필요하다. 이러한 사상을 묘사하고 정련하려면 새로운 언어를 발명해야 하기 때문이다.

따라서 모든 독자는 성경에 나온 인류 역사는 곧 하나님이 인간을 교육해 가는 이야기임을 예상할 수 있을 것이다. 하나님은 대단히 조잡하고 야만적인 인간의 모습을 관용해야만 했다. 예수 그리스도는 마태복음 19장 8절에서 구약성경의 이혼법에 관해 말씀하실 때, 모세가 이혼을 허락한 것은 당시의 사람들이 완악한 마음을 가졌기 때문이라고 했다.

비판가들이 기독교 문화가 지배했던 여러 세기의 끝자락에 서서 성경에 나오는 족장들과 모세의 율법에 대해 비판하는 것은 쉬운 일이다. 그들은 하나님이 모세에게 율법을 계시했을 때만 해도 이른바 보편적인 법이란 것이 얼마나 놀랍고도 어려운 개념이었는지를 잊고 있다. 유대 민족이 왕과 평민에게 똑같이 적용되는 법이 어떤 결과를 낳을지 파악하는 데만 해도 수백 년의 세월이 걸렸다. "힘이 곧 정의"라는 도덕이 "정의가 곧 힘"이라는 도덕으로 서서히 대치되는 데만 수천 년이란 기나긴 기간이 필요했다.

세속주의자들이 성경의 윤리를 공격할 때 자주 인용하는 대목은 여호수아가 가나안을 정복하는 이야기다. 하나님은 이스라엘 백성이 정복할 그 땅의 주민을 완전히(또는 거의 완전히) 몰살하라고 명령하신다.

문제는 수십 세기에 걸쳐 형성된 유대-기독교 사상에 기초한 현대의 도덕적 범주를 고대의 민족들에게 적용하는 것이다. 그들에게는 '정의'라는 단어가 없었고 '비(非)전투원'이란 개념도 없었다. 원시적인 사람은……원시적이었다. 그들은 부족의 입장에서 생각하고 부족적인 잔인성을 품고 싸웠던 사람들이다.

인류가 하나님을 반역한 뒤에는 오로지 인정사정 봐주지 않는 자연만 알았을 뿐이다. 혈족이나 친족 구조 바깥에 있는 사람은 인간에 못 미치는 존재였다. 전쟁이 일어나면 전투원과 비전투원을 구별하지도 않았고, 의로운 전쟁을 생각하고 표현할 수 있는 언어조차 없었다. 전쟁을 이기게 해주는 신은 "좋은 신"이었고, 전쟁에 지는 신은 한갓 패배자에 불과했다.

모세가 받은 계시는 장차 이런 사고방식을 바꾸게 될 사상을 심기 시작했다. 모든 사람은 하나님의 형상으로 창조된 인간들이며, 이 점은 이스라엘 백성에게만 국한되지 않았다. 고대 세계에서 일어난 전쟁은 모두 잔인하게 치러졌는데, 하나님은 한 번의 전쟁만 그러한 방식으로 치르라고 명령하셨다. 이 특정한 전쟁을 당시 대부분의 전쟁처럼 치르라고 명하셨다는 것은 이것이 예외적인 상황이고, 그 밖의 다른 전쟁(이스라엘이 치른)은 그러한 방식으로 치르지 말라는 뜻을 내포하고 있었다.

어쨌든 당시의 사람들은 주인이 아니면 노예가 될 수밖에 없는 세계에 살고 있었고, 하나님은 그런 사람들을 다루고 있었던 것이다. 오늘날 우리는 더 나은 대안을 생각할 만한 문화적 공간을 가지고 있지만, 당시만 해도 하나님이 그런 공간을 마련하려고 일하기 이전이었다. 고대에는 "총력전"을 벌이지 않으려면 노예가 되는 수밖에 없었고 승리자가 살려 둔 소수의 다른 부족과 혼인을 할 수밖에 없었다. 당시는 의로운 전쟁의 전례도 없었고, 그것을 표현할 만한 어휘도 없었다.

그래서 하나님은 교육의 문제에 직면하게 되었다. 그분은 유대인들을 상대로 어려운 교훈, 곧 법이 욕망보다 우월하고 유일신론이 다신론보다 뛰어나다는 것을 가르치려고 애쓰기 시작했다. 구약성경의 역사는 이것이 얼마나 어렵고 힘든 작업인지 잘 보여준다. 고대 유대인들은 주변의 모든 족속들이 주저 없이 그들을 몰살하거나 노예로

삼는 시대에 살고 있었다. 단지 주변 나라의 문화를 흡수하기만 해도 그 어려운 교훈을 배우는 일이 지연되는 상황이었다. 어쨌든 전멸하는 일은 예외였지 관례가 아니었다. 신명기 12장에 나오듯이 일반적인 명령은 피정복자의 나쁜 관행을 피하라는 것이었다.

하나님은 어떤 족속들에 대해서는 "총력전"을 명령했는데, 그것이 당시에 선택 가능한 나쁜 대안들 중에서는 최선의 것이었기 때문이다. 가나안 족속에 대한 총력전은 전쟁을 빨리 끝냄으로써 그들의 고통을 최소한으로 줄일 수 있었다. 또한 가나안 족속을 노예로 삼고 그들과 혼인하게 되면 이스라엘 백성이 나쁜 사상으로 오염되었을 테고, 그 결과 그들은 성장하기가 더 어려워졌을 것이다. 대다수의 피정복자들은 이스라엘과 평화 협정을 수립하는 것이 가능했다. 그래서 그 족속들은 이스라엘에 완전히 동화될 수 있었지만, 그들의 나쁜 사상은 동화되지 말아야 했다. 하나님은 이스라엘이 몇몇의 족속은 제대로 다룰 수 없다는 것을 알았기 때문에 그와 같은 총력전을 명령하지 않을 수 없었다.

하나님은 유대 민족에게 먼저 올바른 교훈을 가르친 뒤에 평화에 대한 전망을 추가로 가르쳤다. 그분은 그들에게 강력한 제국이 되라고 명한 적이 없었다. 그들의 위대한 왕들 가운데 특출하게 위대한 정복자는 한 명도 없었다. 그들의 연대기에는 놀랍게도 정복 전쟁을 강조하는 대목이 전혀 없다. 하나님의 계시를 보면, 그분은 유대인이 전쟁에서 이길 때만 아니라 질 때에도 어떤 교훈을 배우기를 원했음을 알 수 있다.

고대의 종교 문헌 가운데 거의 유일하게 성경은 유대의 위대한 국가 지도자들의 승리보다 그들의 패배에 더 초점을 맞추고 있다. 우리는 나단 선지자가 다윗 왕에게 도전하는 장면(삼하 12장)을 어쩌면 당연시하는데, 대다수의 고대 군주 국가에서는 선지자가 왕의 문제점을 지적하기도 전에 처형당했을 것이다. 다윗의 지혜가 돋보이는 것은 하나님의 율법이 모든 인간(왕도 포함하여)의 뜻보다 우선한다는 것을 인정했기 때문이다. 이 사건은 사람들의 마음속에 '왕이 곧 법'이 아니라 '법이 곧 왕'이라는 사상을 심기 시작했다.

하나님이 유대 민족에게 가르친 길고도 어려운 교훈은 이제 온 세상으로 퍼져 나갈 것이었다. 그리고 성경의 가장 근본적인 원리들이 널리 전파됨에 따라 장차 노예제를 비롯한 많은 제도들이 서서히 세상에서 사라지게 될 것이었다.

성경이 읽을 만한 책이라는 것을 어떻게 알 수 있는가

도킨스와 같은 회의주의자들은 성경이 시간을 투자하여 읽을 만한 가치가 없다고 주장하지만, 사실은 그렇지 않다. 어떤 고대의 책을 놓고 과연 시간을 투자해 읽을 만한 가치가 있는지 여부를 가늠하는 간단한 방법이 있다. 다음 세 가지 조건을 만족하면 그럴 만한 가치가 있는 것으로 보면 된다.

- 오랜 세월의 시험에 합격했을 것
- 일반적인 인간의 상황을 그럴듯하게 묘사할 것
- 아름답게 쓰인 동시에 도전적인 책일 것

사실 아주 오랜 세월에 걸쳐 생존한 책이라면 우리가 충분히 고려할 만한 근거가 있다고 할 수 있다. 만일 3세기와 20세기에 살던 사람들이 그 안에서 진리를 발견할 수 있었다면, 21세기에 사는 사람들도 충분히 그럴 수 있을 것이다. 그렇다고 해서 새로운 책들은 읽을 가치가 없다는 뜻이 아니고, 오랫동안 내려온 책들 속에는 기본적인 지혜가 담겨 있을 가능성이 많다는 뜻이다.

가장 기본적인 윤리 사상의 면에서 성경은 건전한 가르침을 담고 있는가? 성경은 인간 실존에 관한 전반적인 그림을 그럴듯하게 묘사하고 있는가? 성경은 사실상 우리가 사는 세계는 다른 가능한 모든 세계 가운데 최상의 세계는 아니라는 것을 아주 실제적으로 그리고 있다. 유토피아 사상은 없지만 왜 사람들이 유토피아에서 살고 싶어 하는지를 성경은 설명해 준다.

성경은 전적으로 합리적인 창조주 하나님의 존재를 전제함으로써 과학 연구에 필요한 종교적 근거와 동기를 부여해 준다. 또한 하나님의 논리는 사랑이기도 하다고 주장함으로써 사람들에게 바람직한 동기를 유발시켜 준다. 이는 하나님의 논리는 하나님의 사랑에 의해 움직인다는 뜻이다.

마지막으로, 성경은 모든 사람이 하나님의 형상으로 창조되었다고 말한다. 하나님의 법 앞에서는 모두가 평등한 대우를 받는다. 하나님은 의로운 분이다. 그분은 우리가 남에게 대접을 받고 싶은 대로 남을 대접하기를 바라신다.

이런 전반적인 윤리 사상은 수십 세기에 걸쳐 어렵지만 매력적인 것으로 입증되었다. 더군다나 이 사상은 아름답고도 심오한 글로 표현되었다. 이를테면, 요한복음 3장 16절이 하나님은 세상을 사랑하신다고 말할 때, 그것은 깊은 철학적 진리를 시적으로 그리고 간명하게 진술하고 있는 것이다. 이 진술이 우리 인간의 실존에 관한 진실을 말하고 있다는 것을 우리는 알고 있다. 우리는 현재의 소유보다 더 많이 가지기를 원하고, 현재의 모습보다 더 나은 존재가 되고 싶어 한다. 그런데 성경은 이러한 경험에 의미를 부여해 주고 희망을 북돋워 준다.

이런 의미에서 성경은 어쩌면 진리일지도 모른다는 생각이 들게 하는 고대의 책이다.

고대의 책에 대해 올바른 질문을 던지라

어떤 고대의 책이든지 올바른 질문을 던지면 거기에서 지혜를 찾을 수 있는지 여부를 알 수 있다. 성경의 경우는 그 중요성을 발견하기 위해 굳이 특별한 방법으로 읽을 필요가 없다.

대대로 비기독교도에서 회의주의자에 이르기까지 열린 마음으로 성경을 읽은 결과, 그들은 그것이 신적인 책이라는 확신을 갖게 되었다. 필립 존슨과 나는 성경의 논리가 이끄는 대로 좇아가는 데 평생을 투자한 사람들이다. 하지만 오늘날의 학계와 같은 세속적인 문화에서는 이러한 태도를 당혹스럽게 여기고, 아무런 해답도 얻을 수 없는 처신으로 간주한다.

우리는 성경이 진리인 것으로 판명되면 그것을 기꺼이 믿겠다는 열린 마음을 가지고 있다. 성경이 묘사하는 하나님은 질문과 사유를 두려워하지 않는 분이다. 오히려 야곱에서 욥에 이르기까지 자신을 좇는 사람들에게 자신과 씨름하고 질문을 던지도록 허용하는 분이다. 하나님은 그분의 지적인 능력으로 얼마든지 우리를 무너뜨릴 수 있지만, 오히려 질문과 응답을 통해 우리를 성장시킬 만큼 우리를 사랑하는 분이다. 성경은 하나님의 성령이 스며들어 있는 책이므로 굳이 다른 변호인이 필요 없지만, 이 살아 있는 책은 하늘의 호의를 발휘하여 독자들이 질문을 던지도록 기다리고 있다.

7장
● 훌륭한 교육

새로운 무신론자들의 긍정적인 면은 그들이 의미 있는 대화를 시작하고 있다는 것이다. 이른바 "종교"는 너무나 오랫동안 완전히 사적인 것으로 취급되어 교육에서 정밀하게 살펴볼 가치가 없는 것으로 간주되었다. 이는 무척 유감스러운 현상이다. 그것은 종교를 유아로 취급하고 의미심장한 대화를 하지 못하게 막는 태도이기 때문이다.

종교에 관한 대화는 뜻깊은 나눔이 될 수 있고 더 나은 삶을 살도록 우리를 격려해 줄 수 있다.

「워싱턴 포스트」(*The Washington Post*)와 같은 매체에 글을 쓰면 흥미로운 이메일을 엄청나게 받게 된다. 어떤 비판가들은 내가 가지고 있는 종교적인 학교의 교수직이 완전히 비실용적이라고 주장하고, 내 학생들을 불쌍하게 여긴다. 어떤 비판가가 나를 맹렬히 공격할 때면 으레 내가 모든 교수들에게 특정한 신조에 동의할 것을 요구하는 바이올라 대학교(로스앤젤레스 성경 학교의 후신)에서 일한다고 지적하기 일쑤다. 그러면서 어떻게 그런 갑갑한 환경에서 철학을 연구하거나 진정한 교육을 할 수 있는가 하고 혀를 차곤 한다.

바이올라 대학교가 성경 학교의 옷을 벗은 지가 무려 반세기가 지났다는 사실은 논외로 하고, 그러한 비판가의 주 관심사는 신앙과 이성의 양립 가능성 여부에 있다. 신앙은 이성과 상반되지 않은가? 한 이메일의 표현에 따르면, 그리스도인들은 증거를 무시하고 무조건 믿는 사람들이 아닌가? 이것이 사실이라면 그들이 합리적인 인생을 사는 것은 당연히 불가능하다. 비판가들의 눈에는 신앙이 하나의 의견으로 보일 뿐이고, 당신이 그 의견을 어쩌면 명쾌하게 반복할 수 있을지 몰라도 그것은 교육의 산물이 아니라고 생각한다.

종교교육을 비판하는 이들은 회의하는 정신을 개발하지 않고는 교육이 불가능하다고 주장하는데, 회의주의는 종교적인 정신의 반대편에 있는 것으로 본다. 회의주의의 필요조건은 의심이고 의심은 신앙의 반대편에 있기 때문이다. 과학과 철학과 이성은 의심하는 도마(예수의 제자 중 한 사람)를 요구하는 반면에, 종교는 도마의 의심하는 마음을 치료해 주려고 한다. 이와 관련하여 「로스앤젤레스 타임스」(*Los Angeles Times*)에 기고한 생물학자 P. Z. 마이어스(Myers)의 글을 인용하면 이렇다.

우리의 학교, 텔레비전, 정치의 영역, 그리고 심지어는 신문의 사설
란에서까지 우리 코앞에서 미친 듯이 깃발을 흔드는 괴상한 일련의
케케묵은 미신을 심각하게 취급하지 않기란 무척 힘들다. 지적으로
파산한 종교적 신념을 심각하게 취급하는 것, 바로 이것 때문에 우리
는 거기에 의문을 제기하는 것이고, 앞으로도 계속 지루할 정도로 의
문을 제기할 것이다. 말하자면, 거리낌 없이 발언하겠다는 뜻이다.[1]

이처럼 종교적인 지식과 종교에 바탕을 둔 교육을 모욕하는 소리가
터져 나오는 것은, 교육이란 당연히 실용적이어야 한다는 생각이 그
바탕에 깔려 있기 때문이다. 실용적인 사람들은, 현대 세계에서 교육
을 받는 목적은 좋은 직업을 얻거나 더 나은 직업을 구하기 위함이라
고 지적한다. 그런데 종교는 아주 비실용적이고 대체로 돈벌이에 도
움이 되지 않기 때문에, 그들은 그것을 한쪽으로 제쳐 놓는다. 오늘날
대학은 등록금이 상당히 비싸서 종교에 관해 생각할 여유가 없다.

　학생들은 회의론이 지배하는 대학에서 한갓 소비자로 전락하거
나, 아니면 돈벌이에 강박관념을 가지게 되었다(또는 양자 모두에 해당
한다). 그렇기 때문에 신앙에 투자할 에너지나 시간이 없다. 그러나
우리는 이처럼 그저 소비를 즐기고 안락한 인생을 사는 것보다 더 나

은 길은 없는지 생각해 볼 필요가 있다. 물론 인생에는 비판하고 헐뜯고 화를 내는 일보다 더 많은 것이 있다. 우리는 이미 쓰라린 경험을 통하여 재산을 축적한다고 꼭 행복해지는 것이 아님을 알고 있다. 만일 가장 많은 장난감을 가진 사람이 결국 승리한다면, 인생은 참으로 어리석은 게임임에 틀림없을 것이다.

하지만 내 말을 곧이곧대로 듣지 말고 당신의 경험도 너무 신뢰하지 말라. 일반 대학의 홍보물를 구해서 그 목표를 읽어 보라. 대학들은 비싼 등록금을 받는 대가로 회의론과 돈벌이를 가르치는 것보다 훨씬 더 많은 것을 약속하고 있다. 그렇다면 과연 더 나은 길은 있는가? 물론 있다. 그렇기 때문에 대학 홍보물에서는 교육을 결국 인간과 미덕에 관련된 것이라고 말하고, 교육을 훌륭한 활동으로 묘사하고 있는 것이다.

의심 대신에 궁금증을 품으라

교육이 아름다움과 놀라움을 회복하려면 먼저 회의론을 제자리에 두는 일이 필요하다. 게이(gay)라는 단어가 그랬듯이, 회의론(skepticism)이라는 단어도 지금은 과거의 의미와 전혀 다른 뜻으로 사용되고 있다. 그래서 이제는 뜻깊은 단어로 사용하기가 어려운 실정이다. 예전에는 좋은 단어였으나, 지금은 진정한 행복을 느끼지 못하게 만드는 해로운 태도를 상징하는 단어로 전락했다.

소크라테스가 젊은 제자들에게 연장자의 의견을 맹목적으로 수용하지 말고 그들 스스로 탐구하라고 충고한 것은 고상한 회의론을 품으라는 뜻이었다. 그는, '진리'라는 것이 존재하고 그것은 알 수 있는 것이며, 사람들은 이 진리를 찾아야 한다고 생각했다.[2] 옛날 아테네 사람들은, 우리가 올바른 의견을 가지고 있을 때라도 그것을 검토해 보는 편이 낫다고, 곧 우리 신념의 토대에 대해 무지한 상태로 있는 것보다 이성을 사용하여 더 확실한 근거를 찾는 편이 낫다고 생각했다.

소크라테스는 도덕의 필요성을 공격하고 권력이나 쾌락을 위해 살라고 주장했던 소피스트들(sophists)—고용된 지식인들—을 알고 있었지만, 그 자신은 도덕과 종교 중 어느 것도 포기하지 않았다. 사실 그의 시대는 우리 시대와 그리 다르지 않았다. 소크라테스는 도덕적인 신을 찾았고, 도덕이 자신을 더 나은 선생과 더 나은 아테네 시민으로 만들어 줄 것이라고 믿었다. 반면에 소피스트들은 빈정대는 태도를 지닌 회의주의자였다. 아테네의 관습을 놓고 타당한 이유를 찾지 못하면 그것을 조롱했다. 하지만 소크라테스는 자신이 사랑하는 것을 이해하려고 애썼다. 이는 전혀 다른 종류의 회의론이었다.

소크라테스의 회의론은 궁금증(wonder)을 띤 회의론이었다. 그는 진(眞)과 선(善)과 미(美)를 보았고, 그 배후에 무엇이 있는지 궁금해 했다. 그는 신성을 좋아했으며 그것을 헐뜯으려고 하지 않았다.

이로 말미암아 이해할 수 있는 것이라면 꼭 이해하고 싶은 갈망을 품게 되었다. 한마디로, 소크라테스의 회의론은 무언가 놀라운 것에 대한 궁금증이었다고 할 수 있다.

소피스트의 회의론은 무엇이든 갈기갈기 찢어 놓거나 논박하려고 했다. 소크라테스의 경우에는, 마지막에 이르러 애석하지만 전통 사상이 틀렸다는 것을 발견할 가능성이 있었다. 이와 달리 소피스트의 회의론은 분별없는 그리스 지도자들의 가식을 벗겨 버리기 때문에, 처음에는 가치 있는 것으로 다가오지만 궁극적으로는 기생충과 같은 것으로 드러났다. 그들의 회의론은 다른 사람의 주장을 논박하는 일밖에 할 수 없었다. 반면에 소크라테스의 회의론도 때로는 논박을 하지만, 동시에 옛 사상을 수정하여 그 가운데서 좋은 것을 건지려고 노력했다. 즉 파괴만 일삼는 것이 아니라 건설적인 성격을 가지고 있었던 것이다.

소크라테스의 수제자였던 플라톤은 우주의 진과 선과 미에 대한 궁금증이 낳은 사랑에 이끌려 교육 활동을 수행했다. 이 사랑은 사랑하는 대상을 이해하려고 애썼고, 그러는 가운데 종종 고통스러운 것도 배우게 되었지만, 언제나 배움을 사랑하는 최초의 동기를 잃지 않고 그것을 최대한 유지하려고 노력했다. 기독교가 그리스의 고전 철학과 접촉하게 되었을 때, 예수 그리스도의 삶과 얼마든지 양립할 수 있는 그런 사상을 찾아낸 것이다.[3]

절대적 확실성이나 끝없는 회의론은 궁금증을 꺾어 버리기 일쑤다. 확실성은 사랑하는 대상을 당연시하기 때문에 관심 있는 대상을 향해 결코 움직이지 않는다. 이는 교육 자체를 불가능하게 만든다. 회의론은 애초에 배우려는 마음을 유발한 그 사랑을 파괴한다. 궁금증은 진실을 알기 위해 믿고 싶어 하는 마음이다.

믿음은 교육의 기본 조건이다. 믿음은 경험과 이성에 비추어 시험할 수 있는 가설을 제공해 주기 때문이다. 경험은 삶과 실험을 통해 얻는 것이다. 전통적인 기독교 교육에 따르면, 이성은 믿음을 시험하고 수정하기 위해 열린 대화와 검토 작업을 활용한다. 물론 하나님에게서 오는 계시는 교육받은 그리스도인의 삶에서 변증법적 토론을 위한 일종의 경험과 자료를 제공해 준다.

궁금증과 결부된 믿음은 어리석은 확실성이 아니라 신앙이 들어설 자리를 마련해 준다. 신앙이야말로 최고의 이성과 경험의 테두리 안에서 바라는 것을 담아 내는 가장 좋은 믿음이다. 교육은 우리의 종교적이고 문화적인 희망을 기나긴 담론과 이성과 경험의 기초 위에 세우는 과정이다. 교육받은 종교인은 합리적이고 열정적인 신앙을 가진 사람이다. 소크라테스의 궁금증과 기독교 신학이 서로 타협한 결과로 영어권의 옥스퍼드와 케임브리지 같은 초기 대학의 교양과정이 개설되었던 것이다.

이런 학교들은 그리스도의 왕국(또는 기독교 세계[Christendom]

라고 불린다)을 위한 지도자들을 배출했다. 이 왕국은 그리스도가 다시 와서 역사를 마감할 때까지 그리스도인들이 불완전한 세계 속에서 살아가는 방식을 일컫는다. 이 세계는 엉망진창이지만, 그 왕국은 모든 사람이 가능한 최상의 삶을 살도록 도모해 준다.

엘리트 교육

대다수가 농부였던 시대만 해도 자신이 속한 공동체에서 잘 사는 데 필요한 미덕을 갖추기 위해 굳이 공식적인 교육을 받을 필요가 없었다. 농부의 미덕은 갖추기 어려운 것이 아니었고, 대학에서의 고등교육이 필요한 직업이라고 생각하지도 않았다. 나의 조부모는 1920년대 말에 8학년까지 마쳤는데도 중산층 수준의 임금을 벌 수 있었고 은퇴해서도 비교적 편안한 생활을 누릴 수 있었다. 그분들은 삶에 필요한 미덕을 주로 교회와 지역 공동체에서 교육받았다. 당시의 지도자들은 집중적인 멘토링과 훈련을 통해 교양교육을 전수받아 지배계층에 진입할 준비를 갖추었다.

지금은 격세지감을 느낀다. 오늘날에는 많은 사람들이 소원과 능력만 있으면 사회의 지도자가 될 수 있는 기회를 가지고 있다. 나의 조부모 시절의 작은 교회나 지역 공동체의 교육은 현대 사회의 지도자에게 요구되는 탁월성을 개발하기에는 부적절하다.

그런데 우리 부모 세대에 이르면 옥스퍼드와 케임브리지 등 여러 전통적인 학문 기관들은 그리스도인들이 개발한 전통적이고 가치 있는 교육을 좀 더 많은 중산층에게 제공하기보다는 직업 훈련을 시키는 데만 급급했다. 또한 상류층 교육을 받고 싶은 모든 사람을 수용할 수 있을 만큼 시장 경제가 발전하리라는 보장도 없었다.

대학은 상품화되었고 중간 관리자와 소비자로 구성된 중상층을 훈련시키는 장소로 변질되었다. 대규모 강의가 친밀한 개별지도를 대치했고, 공장규모의 대학에서 제공되는 진로 상담이 멘토링을 대신하게 되었다.

하지만 예전의 교양교육의 틀 안에서 일하는 많은 훌륭한 교수들이 아직도 학생들에게 최상의 교육을 제공하려고 애쓰는 만큼, 그러한 학교에 좋은 점이 많이 남아 있는 것도 사실이다. 대규모 학교들은 또한 매우 효율적인 연구를 수행했고 우리 모두는 그 덕을 보았다. 그러나 과학적 연구가 더욱 활성화됨에 따라 평범한 "성찰적인 삶"의 가치는 가려지게 되었다.

전통적인 기독교 교육은 잘 사는 인생을 그 목표로 삼되 죽음을 언제나 염두에 두고 있다. 그리스도인이 생각하는 잘 사는 인생은 영원한 세계에 들어가기 위한 준비 과정인데, 소비 경제에서 자신의 역할만 생각하는 훈련을 받으면 영원한 세계에서 점차 멀어지기 마련이다. 최근에 「타임」지는 현 세대는 "죽음을 도외시하는 태도"(amor-tality)에 사로잡혀 있다고 주장했다. 말하자면, 우리가 죽을 것임에도 마치 영원히 죽지 않을 듯이 행동하는 것이 최선이라고 믿는 믿음을 갖고 있다는 뜻이다.

실용적이고 소피스트적인 현대 교육은 인간과 관련된 가장 중요한 사실을 무시한다. 우리는 결국 죽을 운명이지만 마음속에 영원을 품고 있다는 사실 말이다. 흔히 오늘날의 학생이 중세의 학생보다 훨씬 더 현실적이라고 자랑하지만, 사실은 그 정반대다. 요즈음의 학생들은 유니콘이나 죽음을 믿지 않는다. 반면 중세 학생들은 유니콘을 믿었을지(또는 믿지 않았을지) 모르지만, 자신이 죽을 운명임을 의심할 정도로 멍청하지는 않았다. 중세 학생들은 늘 죽음과 고통의 현실을 의식하였고 그것을 무시한 적이 없었다. 그렇다고 병적인 상태에 빠진 것은 아니었지만, 자신의 인생이 어떻게 끝날 것인지를 잊을 정도로 어리석지도 않았다. 현대 교육은 만일 우리가 죽음을 무시하면 마치 그것이 사라지거나 닥치지 않을 것처럼 생각하도록 만든다. 영원한 세계도 마찬가지다. P. Z.마이어스가 주장하듯이, 그러한 것이 존재하지 않는다고 큰 소리로 외치면 그것을 두려워할 필요가 없는 것이다!

이렇게 생각하는 것은 아퀴나스를 비롯한 중세 학자들은 잠시도 빠지지 않았을 마법적인 사고방식이다.

기독교 교육은 도제훈련 과정과 혼동되어서는 안된다. 우리가 속한 특정 문화에서 살아가는 데 필요한 업무 기술이나 실용적인 기술을 배우는 일은 전혀 문제가 없지만, 이것은 교육이 아니다. 교육은 도제의 신분이 제공하는 돈으로 선한 일을 할 수 있는 능력을 길러 주는 것이다. 즉 학생에게 미덕을 가르쳐 준다는 말이다. 그렇다면 오늘날과 같이 냉소적이고 실용적인 교육 환경에서 놓치고 있는 미덕은 무엇인가?

미덕, 영적인 행복을 위한 준비 과정

미덕이란 훌륭한 인간이 되는 데 필요한 특성을 일컫는다. 그것은 제임스가 배관공이나 교수가 되는 데 유용할 수도 있으나, 만일 제임스가 나쁜 사람이라면 아무리 뛰어난 기술을 갖고 있어도 그리 쓸모 있는 존재가 되기는 어려울 것이다.

그렇다면 어떤 미덕이 존재하는가? 기독교 교육가들은 고전 철학에서 네 가지, 그리고 성경에서 세 가지를 발견했다. 고전적인 미덕은 용기와 신중과 절제와 정의이다. 그리고 기독교적 미덕으로는 소망과 믿음과 사랑이 있다. 이것들은 하나님에게서 난 영혼의 훌륭한 특성이지만 올바른 교육을 통해서도 함양될 수 있다.

학생들은 실제적인 지도와 역사적 모범을 통해서 용기와 절제를 배울 수 있다. 용기란 반드시 해야 할 일을 위험하고 힘겨운 상황이 닥쳐도 수행하고자 하는 열망이다. 이 미덕은 신체적인 훈련과 과거의 좋은 본보기들을 통해서도 배울 수 있다. 절제는 잘 사는 인생을 다스리는 지배 원리다. 이는 스승이 학생의 도덕적 결정을 잘 지도하고 과거의 위대한 인물들을 고찰하게 함으로써 학생에게 가르칠 수 있는 미덕이다.

신중과 정의는 문화인이 가지고 있는 위대한 미덕이다. 신중과 실제적인 지혜는 사람에게 무엇을 해야 하는지를 가르쳐 준다. 이는 스승의 지도 아래 어떤 것을 경험하는 일과, 자신이 속한 문화에 대한 전반적인 지식을 개발하는 일을 통해 배울 수 있다. 정의란 동등한 사람을 동등하게, 그리고 동등하지 않는 사람을 동등하지 않게 대우하는 것이다. 정의를 배우려면 매우 다양한 사람들을 경험하며 인생 경험과 독서를 통해 그들의 다양한 특징을 이해하는 일이 필요하다. 이러한 훈련은 유신론자가 무신론자와 대화를 할 수 있도록 공통분모를 마련해 줄 수도 있다.

타락한 세상에서는 고전적인 미덕만으로도 너무 강렬한 냄새를 풍길 수 있다. 하지만 하나님은 예수 그리스도 안에서 자신을 계시함으로써 그보다 더 위대한 미덕들을 우리에게 보여주신다.

선한 하나님과 질서정연한 창조세계의 존재는 교육에 희망(소망)을 불어넣어 준다. 우주는 본래 선하기 때문에 학생들은 어떤 질문도 두려워할 필요가 없다. 그들은 희망을 품고 공부에 정진할 수 있다. 이성과 경험에 기초한 희망은 신앙으로 변한다.

신앙(믿음)은 확실한 것을 알 수 없을 때라도 기꺼이 행동하겠다는 마음가짐이다. 신앙은 확실성이 아니라, 논리가 이끄는 대로 따라

가려는 자세이다. 그것은 우리가 헌신한 뒤에야 비로소 확실히 볼 수 있다는 진리를 알고 있다.

이 모든 미덕은 한 가지 위대한 미덕으로부터 원동력을 얻는다. 그것은 사랑이다. 사람은 참된 것이나 선한 것이나 아름다운 것을 보면 그것을 사랑한다. 이 사랑은 사랑하는 대상에 대해 더 많이 알고 싶은 마음을 불러일으킨다. 기본적으로, 기독교 교육은 사랑에 이끌려서 사랑의 대상을 발견하고, 그 대상에 관해 알 수 있는 것을 모두 알려고 하는 태도이다. 따라서 그리스도인, 곧 선하고 참되고 아름답다고 믿는 하나님을 사랑하는 신자는 교육을 무시할 수 없는 법이다. 마치 연인이 사랑하는 사람에 관해 모든 것을 알고 싶어 하는 것처럼, 그리스도인도 하나님과 그분의 작품에 관해 모든 것을 알고 싶은 열정이 있을 것이기 때문이다.

어떻게 미덕을 가르칠 것인가, 멘토링

그러면 이러한 미덕을 어떻게 가르칠 것인가? 전통적인 기독교 교육에서는 본보기를 통해 가르친다. 기독교 세계는 제자들과 동행하며 그들을 가르쳤던 예수의 본보기를 좇아서 제자훈련에 큰 강조점을 둔다. 일차적인 모범은 학생들을 제자로 삼고 그들과 동행하는 스승에게서 오기 마련이다. 이차적인 모범은 위대한 예술 작품에서 찾을 수 있다. 훌륭한 책, 영화, 그림 등 다양한 표현물은 그것을 만든 위대한 사람 속에 있는 하나님의 형상을 보여주는 창문과 같다.

물론 그리스도인의 경우는 교육의 초점을 하나님이자 인간인 예수 그리스도를 아는 것에 둔다. 그분은 먼저 성경을 통해 알 수 있고, 또한 인류가 이룩한 위대한 지적인 업적과 감성적인 작품을 통해서도 알 수 있다.

어떻게 미덕을 가르칠 것인가, 스스로 알 수 있게 하라

예수라는 선한 인물을 알면 우리도 그를 닮아 가게 된다.

이러한 영적인 교육을 잘 보여주는 이야기가 누가의 복음서에 나온다. 예수의 가르침을 이야기하는 누가복음 24장을 보면, 실망에 빠진 두 제자가 예수의 십자가 죽음 이후에 고향으로 돌아가는 장면이 나온다. 예수께서 그들에게 다가오지만 자신의 정체를 숨기고 있다. 그들의 느낌을 물어보고 그들로 큰 슬픔과 당혹감을 표출하도록 해준다. 그 다음에 성경으로부터 인자가 고난을 받고 죽어야 한다는 예언을, 그리고 그것이 바로 역사의 정점임을 가르쳐 준다.

내가 어릴 적에는 왜 예수께서 자신의 정체를 제자들에게 숨겼는지 이해할 수 없었다. 왜 그들에게 곧바로 나타나서 그들의 상처를 치료해 주지 않았을까? 어느 날 교회에 앉아 있다가 이 의문에 대한 해답을 찾았다. 만일 예수께서 영광스런 모습으로 그들에게 나타나서 정서적인 욕구를 채워 주었더라면, 모든 대화가 중단되고 말았을 것이다.

제자들의 표면적인 상처는 치료해 줄 수 있었겠지만(이것도 물론 중요하다), 그 모습은 그저 제자들을 깜짝 놀라게 할 뿐 다른 일은 할 수 없도록 만들었을 것이다. 하지만 예수께서는 그들이 온 마음과 영혼과 지성을 다해 그의 메시지를 생각하고 거기에 수긍하기를 바랐다.

예수의 제자들은 미숙한 생각을 가지고 있었는데, 예수는 생각이 없는 로봇이 아니라 성숙한 제자들을 원했다. 그분이 그들을 압도할 만한 찬란한 영광을 숨긴 것은 그들로 배우게 하기 위함이었다. 그분은 질문과 토론의 형태로 그들을 가르쳤고, 마침내 떡을 떼는 자리에서 자신을 밝히 나타내었다.

예수 그리스도는 실로 완벽한 스승의 본보기이다. 그분은 제자들의 문제만 다룬 것이 아니라 그들의 깊은 욕구까지 다루어 주었다. 예수께서는 질문을 던졌고 그들로 하여금 미숙한 대답을 하도록 내버려 두었다. 그리고 그들이 읽었던 한 성경을 가지고 그 의미를 그들과 나누었다. 예수께서는 제자들을 더 높은 수준으로 끌어올렸고, 자신의 우월한 지식과 경험으로 그들을 억누르지 않았다.

누가가 예수의 가르침을 자세히 소개하지 않고 있어서 나는 그것이 무슨 내용이었을지 무척 궁금했다. 그런데 왜 누가는 그 이야기를 매우 신중하게 시작한 뒤에 예수께서 말한 내용은 대부분 생략했을까? 언젠가 나는 다음과 같은 강렬한 경험을 한 적이 있다. 그리스도께서는 나와 동행하길 원했고, 나에게 질문을 던지도록 허락해 주었다. 뿐만 아니라 이 제자훈련 과정의 마지막인 교회의 성찬식에서 나에게 나타나셨다. 누가 역시 주님의 가르침을 일러 주지 않음으로써 제자훈련 과정을 간단하게 만들지 않았다고 할 수 있다.

예수는 모범적인 교육자이며, 누가도 복음서를 쓸 때 그분의 솜씨를 본받았던 것이다.

물론 서양의 교육철학에 기여한 인물로는 이 밖에도 고대의 위대한 철학자들을 비롯한 많은 사람들이 있었다. 교회는 그들의 진리를 발견하면 그것을 듣고 또 소유했다. 기독교는 중요한 사상을 제공하여 교육의 발달에 기여했고 앞으로도 계속 그럴 테지만, 그렇다고 기독교가 모든 진리를 독점하고 있는 것은 아니다. 기독교 교육은 오랜 세월에 걸쳐 이슬람과 유대의 사상가들, 이방의 세속적 사상가들로부터 도움을 받기도 했다. 기독교는 각 세대마다 외부의 사상에 대해 폐쇄적인 순수주의자를 가지고 있긴 했지만, 그들이 기독교 교육의 주류를 형성한 적은 거의 없었다. 모든 사상을 잘 검토해서 그 가운데 유익한 내용을 전유(專有)하는 것은 기독교의 오랜 전통이다.

교육, 기독교, 그리고 다른 종교

나는 지난 15년 동안 바이올라 대학교의 토레이 아너즈 연구소(Torrey Honors Institute)에서 이러한 생각을 실천에 옮겨 보았다. 고도의 훈련을 받은 열두 명의 교수들과 함께 수백 명의 학생들을 가르쳤는데, 참으로 놀라운 결과를 얻었다. 우리는 오페라 가수에서부터 선교사에 이르기까지 많은 졸업생을 전세계로 파송했다. 우리가 기독교에 우호적인 사상과 적대적인 사상을 모두 가르치기 때문에 소수의 학생들은 기독교 신앙을 버리게 되었다. 하지만 대다수는 전통적인 기독교 메시지와 성찰적인 삶이 서로 양립할 수 있음을 보여주는 믿음의 증인들이다.

토레이 연구소의 가장 뜻깊은 점은 진정한 배움의 공동체가 되었다는 것이다. 선생들과 학생들은 다 함께 배우고 있다. 내가 그 프로그램을 시작했지만 나는 더 이상 필요한 존재가 아니며, 오히려 날마다 그 연구소에서 배우는 일을 즐기고 있는 중이다. 그렇다고 토레이 연구소가 교육의 낙원이라는 뜻은 아니다. 우리의 삶이 주님의 높은 표준에 못 미칠 때가 많기 때문이다. 이 연구소는 그리스도의 주되심을 인정하면서 얼마든지 소크라테스의 방법을 이용할 수 있음을 입증하는 살아 있는 표본이다.

예수님은 모든 창조세계와 모든 인간의 주님이시다. 그래서 우리는 우리와 신앙을 달리하는 사람들로부터 배우는 것도 즐길 수 있었다. 모든 사람이 하나님의 형상으로 창조되었기 때문에, 그리스도인들이 훌륭한 교육을 독점하는 것은 분명 아니다. 기독교가 최초의 대학을 세우고 서양에서 최고의 교육 원리를 수립했을지 모르지만, 무엇을 할지를 아는 것과 그 일을 실제로 하는 것은 서로 별개의 문제다. 토레이 연구소는 기독교 신앙이 없는 현명한 사람들의 가르침을 경청하여 소중한 지혜를 얻은 경험이 있다.

내가 아는 한 노인은 나이가 팔십에 가까운데 평생 동안 회의주의가 아니라 궁금증을 좇아서 살았던 사람이다. 그는 속기 쉬운 사람도 아니고 냉소적인 사람도 아니어서 인생을 잘 살 수 있었다. 또한 궁금증이 많은 사람이다. 그렇다면 그는 그리스도인인가? 나도 모르겠다. 하지만 그는 교육철학 면에서 기독교적으로 사는 사람임에 틀림없다. 토레이 연구소는 그에게 많은 빚을 졌다.

그러므로 그리스도인이 되지 않고도 얼마든지 훌륭한 교육자가 될 수 있다. 그런데 과연 비기독교 문화가 기독교와 그리스-로마 사상의 융합에서 탄생한 교육 제도를 뒷받침할 수 있을까? 그럴 가능성도 있으나, 그리스도인들조차 그 일이 매우 어렵다는 것을 경험했고, 현재로서는 그 전망이 밝아 보이지 않는다. 전통적인 기독교가 부활하지 않으면 자유개방형 탐구는 단순한 냉소주의나 최신 유행으로, 혹은 인간적인 면이 하나도 남지 않는 상태로 전락할지 모른다.

만일 궁금증과 진, 선, 미를 향한 갈망이 교육에 필요한 조건이라면, 그리스도인은 교육을 받기에 안성맞춤이라고 할 수 있다. 물론 그리스도인은 죽기 전에 배움의 과정이 끝날 것으로 생각하지 않는다. 죽은 뒤에야 보다 깊은 것을 배우는 일이 시작될 것이기 때문이다. 천국은 분명히 궁금증으로 충만한 곳일 것이다.

8장
• 기독교와 아름다움

내 아버지의 어린 시절만 해도 '기독교적'(Christian)이라는 말은 '좋다'거나 '호감이 간다'는 뜻으로 통했었다. 이러한 용법이 미국의 종교적 소수를 배려하지 않은 것이긴 했지만, '기독교적'이란 용어는 종교적 색채보다는 도덕적 색채를 더 많이 띠었고, 대체로 긍정적인 의미로 사용되었다. 지금은 시대가 많이 변해서 내 아들(십 대) 세대에게는 요즘의 책이나 영화에 그리스도인이 등장하면 으레 악역을 맡는 것이 관례로 되었다. 만일 그렇지 않다면, 그것을 만든 사람이 그리스도인임에 틀림없다.

전통적인 그리스도인은 천편일률적으로 "나쁜 놈"으로 묘사되고 있으며, 소수의 비판가들은 그보다 더 심하게 그리고 있다. 가장 극단적인 인물은 아마 전문적인 학자로 자처하는 크리스토퍼 히친스(Christopher Hitchens)일 것이다. 그는 종교는 언제나 해로울 뿐 문화에 기여하는 바가 전혀 없다고 주장하는 사람이다. 종교를 가진 사람들이 선한 일을 할지 모르지만, 그것은 종교 때문이 아니라 종교에도 불구하고 그렇게 한다고 말한다. "그리스도인이 할 수 있는 일이 무엇이든 무신론자는 더 잘 해낼 수 있다"는 말이 그의 입장을 한마디로 요약해 준다.

히친스와 같은 사람은 테러와 이슬람교를 경험한 데다 과거에 기독교 당국이 핍박을 자행한 역사가 머릿속에 떠오르기 때문에 쉽게 종교를 공격하게 된 것이다. 히친스는 또한 「신은 위대하지 않다」(*God Is Not Great*)라는 책의 결론부에서 서양의 성적인 해방이 더 증진되어야 한다고 외치고 있다. 그런데 우리는 아직까지 섹스에 너무 빠져 있는 실정이다. 그러한 외침이 대학생을 대하는 사람에게는 웃기는 소리로 들릴 수 있지만, 히친스는 적어도 대중적인 이슈 하나를 제기한 셈이다. 사실 "파티를 계속하자!"고 외치는 것이 파티의 비용 청구서를 정산할 때가 되었다고 지적하는 일보다 언제나 쉬운 법이다.

히친스는 단지 신앙을 가지지 말라고 주장하는 데 그치지 않는다. 그는 종교를 몹시 싫어하고 경멸할 뿐 아니라 이러한 활동으로 버젓하게 살아가는 인물이다. 그의 말을 들어 보라.

나는 무신론자라기보다 오히려 반(反)유신론자라고 할 수 있다. 나는 모든 종교가 동일한 비(非)진리를 전하는 여러 유형들이라고 주장할 뿐 아니라, 교회와 종교적 믿음이 대단히 해로운 결과를 가져온다고 주장하는 바이다. 나는 종교의 거짓 주장을 검토하되, 일부 감상적인 유물론자들이 바라듯이 그것이 진리일 것을 바라지 않는다. 나는 신자들의 신앙을 부러워하지 않는다. 그 모든 이야기가 불길한 옛날 이야기라고 생각하면 무척 안심이 된다. 만일 신자들이 믿는 것이 정말로 사실이라면 인생은 참 비참해질 것이다.[1]

이와 같은 히친스의 종교 비판은 과연 얼마나 타당한가? 무신론과 불가지론은 서양 역사에서 이제까지 아주 미미한 운동에 불과했다. 이 운동을 추종하는 사람이 너무나 적어서 좋은 업적이든 나쁜 업적이든 이루어 놓은 일이 별로 없다. 그리고 때로는 그들의 숫자를 부풀리기 위해 토머스 제퍼슨이나 토머스 페인 같은 이신론자들이 자신들의 편이라고 주장하기도 했다. 그러나 창조주는 직접 창조세계에 개입하지 않는다고 믿는 이신론도 일종의 종교다. 이처럼 무신론자와 불가지론자는 서양 역사에서 미미한 존재에 불과했음에도, 지금은 자신들의 불신앙이 유일한 진리라고 주장하고 있다.

히친스는 종교가 문명을 퇴보시킨다고 주장하지만, 위대한 세계 문명 가운데 종교에 뿌리를 두지 않고 종교로 지탱되지 않는 문명은 하나도 없다. 조금 섭섭하게 들릴지 몰라도 세속주의는 유신론의 성공과 실패에 빌붙은 기생충과 같은 존재라고 말하는 편이 좀 더 타당할 것이다.

이 말이 무슨 뜻이고 왜 중요한가

이런 논의는 왜 중요한가? 히친스는 우스운 허풍선이라서 아무도 그의 말을 진지하게 여기지 않을 것으로 생각하는가? 애석하게도 그렇지 않다. 그는 많은 사람들이 듣고 싶어 하는 말을 그들에게 해주고 있다. 조직화된 종교는 금세기에만 해도 많은 실패와 추문으로 얼룩져 있다. 다수의 사람들이 그러한 실패를 직접 경험했거나 그에 관해 읽었다. 우리 그리스도인과 함께 신을 부정하는 공산주의에 대항했던 몇몇 동맹 세력이 나쁘게 변질되어, 이슬람의 테러리스트들은 무신론자들로 하여금 냉전의 오명을 벗어던지게 하고 있다.

종교 집단은 개인주의 시대에 공동체 중심적인 성격을 가지고 있다. 사람들은 남이 시키는 것을 하기보다 자신이 하고 싶은 대로 하기를 원한다. 특히 오늘날과 같은 자기탐닉의 시대에는 더욱 그러하다. 이익을 추구하려고 끝없는 광고를 쏟아 내고 무분별과 무절제를 부추기는 방송이 난무하는 땅에서 신중함과 절제를 실천하기란 참으로 어렵고, 그것을 전파하는 일은 불가능하다. 이러한 개인주의가 과연 공동체의 기반이 될 수 있는지는 모르겠지만, 대다수의 미국인은 집에 틀어박혀 있어서 눈에 잘 띄지 않는다.

어떤 종교든 종교의 이름으로 자행되는 악행은 있기 마련이다. 히친스는 종교가 저지른 잘못을 열거하고 그것을 젊은이들의 마음에 새겨 넣음으로써 조금이라도 종교와 관련 있는 서구인들을 부끄럽게 만들고 싶어 한다.

더 나은 지식을 얻을 기회, 새로운 관점

세속주의자들은 좋은 이야기를 갖고 있다. 신화가 으레 그렇듯이 그들의 이야기도 설득력이 강하고 많은 이질적인 사실들을 하나로 묶으며 그 의미를 밝혀 준다. 이 이야기에서 서양인은 점차 성장하여 "마법적인" 세계관에서 벗어난다. 철학과 (결국에는) 과학의 발달로 말미암아 다신론에서 유일신론으로 바뀌게 된다. 전도열에 불타는 세속주의자는 유일신론자도 무신론자와 마찬가지라고 말하면서 그 차이점은 그들이 마지막으로 남아 있는 신에 매달려 있는 것뿐이라고 한다!

세속적인 신화는 18세기 역사학자였던 에드워드 기번(Edward Gibbon)의 글에서 발췌한 대목과 함께 계속 이어지고 있다. 그 내용은 기독교가 고전 문명을 파괴하고 암흑의 시대를 초래했다는 것에서 시작한다.[2] 서양이 암흑의 시대를 벗어날 수 있었던 것은 르네상스와 과학의 발흥 덕분이었다. 세속 사상은 종교의 족쇄를 벗어던지게 했고 근대를 탄생시켰다. 오늘날은 오직 조직화된 종교의 흔적만이 인류가 그 잠재력을 완전히 발휘하는 것을 방해한다. 이 이야기가 잘 "팔리도록" 돕는 것은 세속주의가 마침내 완전한 개인의 자유—특히 성(性)의 영역에서—를 선사해 줄 것이라는 약속이다. 이것이 바로 히친스의 한탄이 담긴 「신은 위대하지 않다」라는 책의 마지막에 나오는 내용이다.

기독교 변증가들은 히친스와 같은 세속주의자들과 논쟁할 때 이 신화의 위력을 놓칠 때가 많다. 2009년에 나는 자녀들과 윌리엄 레인 크레이그(William Lane Craig)와 크리스토퍼 히친스가 논쟁하는 방송을 보았다. 그 논제가 하나님의 존재에 관한 것일 때나 누가 증거와 이성을 가장 잘 이용했는지의 문제일 때는 크레이그가 히친스를 눌렀다. 그러나 자녀들이 지적했듯이, 히친스가 더 일관성 있고 나은 이야기를 들려주었다. 그 이야기에 대한 증거는 많지 않았고 그것을 자세하게 변호할 수는 없었지만, 그는 유창하게 그것을 이야기했고, 지극히 단순하기 때문에 오히려 매력적으로 다가왔다.

기독교 유신론자들에게 좋은 소식은, 히친스의 이야기는 지나칠 정도로 단순하며 우리가 오히려 더 나은 이야기를 가지고 있다는 점이다. 이 이야기의 기본 줄기는 이렇다. 그리스 철학과 기독교가 결합하여 기독교 세계(Christendom)를 낳았고, 기독교 세계는 현재 우리가 물려받은 대부분의 위대한 유산을 낳았다는 것이다. 기독교 세계는 이성과 의미가 모두 머물 수 있는 거처를 마련해 준다. 또한 법과 자유의 균형을 맞추어 준다. 그리고 사랑을 인간 행위의 중심 동기로 만들어 주고 합리적인 하나님을 그 사랑의 목적으로 삼게 한다. 그리스도인들도 종종 넘어지지만, 기독교 세계의 기본 사상은 폭정이나 사회적 혼란에 빠질 위험에서 인류를 줄곧 구출해 준다. 그리스도인이 실패하면 세속주의자가 생기기 마련인데, 그는 그리스도인의 비일관성을 지적하는 비판가의 역할을 하고는 한다. 온건한 세속주의자들이 보조적인 차원에서 병원이나 대학과 같은 기독교 기관에 중요한 기여를 할 때도 종종 있다. 최악의 경우에는, 전도열에 불타는 세속주의자들이 기독교 조직 내에서 기생충처럼 파괴적인 냉소주의자로 살면서 그 철학적 기반과 신학적 기반을 흔드는 역할을 하기도 한다.

고대의 서양인들은 지나치게 많은 예배(다신론)와 지나치게 적은 예배(무신론) 사이를 갈팡질팡했다. 이 양자는 서로를 먹고 살았으며 과학과 철학이 완전히 발달하는 것을 막았다. 다신론은 우주를 너무 무질서하게 만드는 바람에 그것을 이성적으로 공부하지 못하게 했고, 무신론은 항상 냉소주의로 변해 우주의 의미를 저해할 위험이 있었다. 이러한 문화적인 장애물들은 어쩔 수 없이 대중의 폭정이나 엘리트의 폭정을 낳게 되었다.

플라톤과 아리스토텔레스 같은 소수의 철학자는 유일신론을 주장했는데, 이는 우상숭배자들이 신봉하던 다신론과는 전혀 달랐다. 이 철학자들이 말하는 "유일한 하나님"은 제우스를 확대시킨 것이나 경쟁자가 없는 제우스에 불과한 것이 아니라 완전히 다른 유형의 신이었다. 유일신론의 관점에서 보면 다신론은 신을 예배하는 종교가 아니다. 유일신론은 '신의 정원'을 정리한 것이 아니라 전혀 새로운 존재를 개발한 것이었다. 애석하게도, 플라톤이나 아리스토텔레스는 문명의 필수요건인 개인의 권리와 안정된 사회의 창조 사이의 균형을 맞춰 줄 만한 정치제도를 찾을 수 없었다.

유대교는 고대 세계에서 가장 성공적인 유일신 종교였고, 따라서 유일신을 신봉하는 고대 철학과 가장 잘 양립하는 신앙이었다. 유대 사상은 법치를 정부의 권력보다 우위에 두는 데 성공했다. 그래서 유대교는 처음부터 개인의 자유와 중앙의 통제권 사이에 균형을 맞출 수 있었다. 선지자가 예루살렘에 있는 왕을 책망할 수 있었지만, 개인의 타고난 선(善)을 믿는 유토피아적인 믿음은 없었다. 예수 그리스도와 그의 사도들은 지상의 제국이 아니라 교회를 세우려고 왔다. 하늘나라는 궁극적으로 이 세상에 속한 것이 아니며, 하나님의 자녀는 그리스도가 다시 오실 때까지 이 땅을 본향으로 여기지 않는다. 즉 그리스도인은 예수의 초림과 재림의 중간기에 살고 있는 셈이다.

이 중간기의 그리스도인들은 하나님의 도움을 받아 최선을 다해 믿음대로 살며 믿음을 실천한다. 하지만 모든 사람이 하나님의 형상을 가지고 있기 때문에 비그리스도인에게서도 지금 여기서 살아가는 법을 많이 배울 수 있다.

교회는 그리스와 로마 세계에서 태어나 그 두 세계로부터 좋은 교훈을 배웠다. 그래서 때로는 양자가 거칠게 융합하여 비그리스도인과 그리스도인 모두에게 사회적 혜택을 주는 결과를 낳기도 했다.

그런데 그리스도인들은 그들을 뿌리 뽑으려는 이방종교를 등에 업은 세속적인 폭정에 시달리게 되었다. 동로마 제국에서는 정부의 핍박이 마침내 막을 내렸고, 기독교 세계는 그 제국에게 또 다른 천년의 수명을 선사했다. 동방의 그리스도인들은 종종 그들이 가진 최상의 원리들을 오해하고 그것을 잘못 적용하기도 했지만, 그리스-로마 철학 가운데 최고의 것을 보존하고 연구했으며 거기에 그들의 사상을 덧붙여서 뛰어나고 아름다운 문화를 창조했다. 그들은 "암흑시대"를 경험하지 않고 그 제국이 끝날 때까지 정치, 예술, 종교, 철학 등 여러 분야에서 놀라운 문화적 업적과 혁신을 이룩하였다. 하지만 그들은 (심지어 못된 그리스도인들까지 포함한) 외부의 적에 대항하여 스스로를 줄곧 방어해야 했으므로, 전쟁은 문화적 진보에 걸림돌이 되었다. 결국에는 동로마 제국이 터키 침략군에게 정복당하기는 했으나 (1453년), 그 이전에 그들의 수고의 열매를 서방의 그리스도인에게 넘길 수 있었다. 사실 르네상스는 신앙심에 의해 촉발된 그들의 노고에 큰 빚을 졌다.

서방은 외부의 정복자로 인해 그보다 더 힘든 상황에 직면하게 되었다. 사회는 이방의 야만인들의 압력을 받아 무너졌지만, 게르만족을 조금씩 개종시키기도 했다. 서로마 제국은 수백 년 동안 환난을 당했으나, 기독교회는 이전의 문명이 남겨 놓은 것을 보존했다. 서부 유럽의 전역에 걸쳐 수도원과 같은 종교 기관들이 빠른 속도로 문화적인 힘을 되찾게 되었다. 그들은 위대한 예술과 음악을 창조했고, 장차 과학과 근대식 대학과 좀 더 개방적인 정부 형태를 낳게 될 철학 사상을 개발하기 시작했다.

이러한 발전이 순조롭게만 이루어진 것은 물론 아니었다. 그리스도인들은 실수도 하고, 첫발을 잘못 내딛기도 하고, 최고의 이상에 못 미치기도 했다. 그러나 온건한 이슬람 학자들이 13세기 기독교 세계에 새로운 개념들을 소개해 주었을 때, 그 세계는 활발하고 수용성 있는 문화를 이룩하였다. 그리고 북부 이탈리아와 같은 곳에서 우호적인 학생들을 발견한 동방 기독교 사상가들은 이러한 발전을 도와주었다.

토마스 아퀴나스 같은 훌륭한 사상가들과 단테 같은 위대한 작가들은 문화 발달을 촉진한 중요한 철학 체계와 신화적 체제를 창조했다. 아울러 자연과학과 예술, 정치와 철학 분야에서도 큰 진보가 이루어졌다. 흑사병이 이러한 발걸음을 늦추었지만, 동방 제국의 몰락은 새로운 학자들과 문서들을 유럽으로 불러들였다. 그리하여 국제법, 대학 제도, 민주적인 정부형태, 과학 등의 기본 원리가 개발되었다.

이와 같은 발전은 처음부터 줄곧 그리스도인들의 실수와 오류에 의해 방해를 받은 것이 사실이다. 초창기에는 기독교가 유일한 사상 체계였기 때문에 그리스도인들이 범한 잘못과 죄악을 굳이 열거하자면 끝이 없을 것이다. 그러므로 그리스도인들은 비난을 받아야 마땅하지만, 기독교 세계는 그 위대한 업적 때문에 칭송을 받아야 한다. 사실 서방 기독교 내부에서 일어난 분열은 마침내 세속적인 철학이 문화 발달을 가로채 가는 계기를 만들어 주었다. 그러나 주로 기독교 메시지의 실제적인 함의를 계속 풀어낸 것은 다름 아닌 기독교에 속한 대중과 정치인들과 사회단체들이었다.

히친스는 세속주의자들도 과학과 대학 제도와 근대적 형태의 정부를 창안할 수 있었을 것이라고 주장하고 싶을지 모르지만, 진실을 감안하면 별로 설득력이 없을 것이다. 그러한 주장은 반증(反證)하기가 불가능한 주장이다. 이유는 서양 그리스도인들이 유대인과 무슬림 같은 다른 유신론자들의 도움을 받아 이미 그 위대한 업적을 이룩했기 때문이다. 어떤 일이 이미 완성된 뒤에 그 일을 할 만한 능력이 있다고 주장하는 것은 쉽지만, 기독교가 도래하기 이전의 수백 년에 걸친 그리스-로마 사상은 그러한 일을 이룩하지 못했었다. 유럽을 비롯한 서양이 점차 세속화됨에 따라, 히친스 같은 사람조차 동료 세속주의자에게는 물려받은 문명을 지키거나 유지할 의지가 없을지도 모른다고 우려하고 있는 실정이다.

전도열에 불타는 세속주의자들이 직면하는 또 다른 20세기의 끔찍한 비극은 수백만 명이 무신론의 이름으로 죽음을 당한 것이다. 이 기록에 대해 히친스는 그리스도인들이 스스로 순교를 자초했다고 말하곤 한다. 예컨대, 러시아에서는 정교(正敎)가 상명하달식의 문화를 창조하여 그 반발로 무신론자인 스탈린이 수많은 사람을 죽였다고 주장한다. 그런데 히친스는 러시아 안팎에서 일어난 유혈사태와 혁명을 옹호했던, 한 세기에 걸친 세속적인 저술들에 대해서는 일부러 눈을 감는다.

히친스가 말하는 러시아 역사는 공산주의자의 선전물과 놀랄 만큼 비슷해서, 모든 실패는 "옛 러시아"의 탓으로 돌리고 러시아의 성공은 그들 자신의 공로로 돌린다. 그는 지극히 비종교적이었던 표트르 대제가 정교회를 국가의 한 부서로 전락시키고 그들의 행동의 자유를 제한했다는 사실은 무시해 버린다. 뿐만 아니라, 그럼에도 정교회가 사형집행을 급격하게 줄이고 죄수의 권리를 신장시키는 데 성공했으며, 상당히 강력하고 민주적인 지역 공동체를 만들고 있었다는 사실도 무시한다. 정교의 러시아는 빠르게 입헌군주제로 발전하고 있었다. 물론 러시아의 마지막 황제는 경건한 사람이었으나 이러한 자연적인 발전을 늦추려는 끔찍한 잘못을 저질렀다. 수많은 정교회 교인들은 그의 잘못에 반대하고 그것을 바로잡으려고 그 체제 내에서 일하고 있었다. 그래서 정교 신앙의 틀 안에서 더욱 위대하고 개방적인 러시아를 건설하기 위한 틀을 만드는 데 대체로 성공했다고 할 수 있다. 문맹률은 낮아지고, 문화 부문에서는 러시아 역사상 유례가 없는 예술적 업적을 이룩하였으며, 심각한 경제적 불평등의 대책이 제정 러시아 말기에 다루어지고 있었다.

그러나 세속주의자들이 정권을 잡는 바람에 모든 희망이 사라지고 말았다. 스탈린과 이후의 세속주의자들은 죄수의 권리를 축소시키고 그들을 훨씬 야만적으로 다루었다. 또한 지역 공동체와 민주적인 조직의 발전을 억제하기도 했다. 정교 사제와 정치인 가운데 반동 분자들을 숙청했을 뿐만 아니라 개방적인 사제들과 정치인들까지 핍박했다. 그리고 러시아 헌법은 1905년에 제정되었던 것보다 더욱 퇴보의 길을 걷게 되었다. 결국 한 세기에 걸쳐 진행되어 오던 사회적 진보가 막을 내렸다. 세속주의자들이 "종교적 폭정" 위에 체제를 수립했을 뿐이라고 주장하는 것은 새빨간 거짓말이다.

마지막으로, 히친스가 러시아에서의 대량학살을 피해자인 그리스도인들의 탓으로 돌릴 수 있을지는 몰라도, 아시아의 세속적 정부도 그와 똑같이 행했다고 주장하기는 어렵다. 중국의 경우, 개신교 그리스도인이었던 쑨원은 공화국을 수립하려고 애썼다. 반면에 무신론을 신봉하며 철저히 세속화되었던 마오쩌둥은 자유에 대한 희망을 완전히 짓밟고 수백만 명을 죽였다. 이것도 종교의 탓으로 돌려야 하는가? 만일 그렇다면 왜 그런가? 중국에서 기독교는 고결한 지도자

들과 타락한 지도자들을 모두 배출했지만, 세속주의는 괴물을 낳았
다. 그러므로 중국에서 무신론의 실패를 역사적 기독교의 탓으로 돌
리기는 어렵다.

　세속주의 이야기는 유신론을 비판할 때에만 그럴듯하게 들린다.
하지만 장기적으로 한 문화를 다스리고 지탱할 만한 능력이 있음은 입
증하지 못했다. 서유럽조차 제2차 세계대전 이전까지는 진정한 의미
에서 세속화되었다고 말할 수 없었다. 영국의 종교성은 1950년대까
지만 해도 미국과 비슷했었다. 히친스는 미국이 서유럽을 좇아가야
한다고 자신 있게 주장하고 있는데, 과연 서유럽은 세속적인 가치관
을 변호할 수 있을 만큼 문화를 활성화시키는 역량을 보여주었는가?

　세속주의는 다음 세 가지 이유로 파괴적인 사상이라고 할 수 있
다. 첫째, 세속주의는 엘리트를 평민으로부터 떼어 놓는다. 그리스도
인 교수는 그리스도인 농부가 도둑질은 나쁜 것이라고 믿는 것과 똑
같은 이유로 도둑질을 하지 말아야 한다고 믿는다. 교수는 이 믿음을
정당화하는 정교한 이론을 내놓을 수 있겠지만, 그것은 농부가 가진
이유를 확대시킨 것일 뿐이다. 그러나 세속주의자들의 경우에는, 자
신이 선호하는 원칙을 초월하는 확실한 윤리적 원칙들이 있다고 믿
지 않는 한, 교수의 도덕적 신념과 농부의 그것 사이에 긴밀한 연관성
이 없다. 그러므로 점차 커져 가는 포퓰리즘(대중 영합주의)과 엘리트
주의 간의 긴장을 해소할 수 있는 길을 히친스의 세속주의에서는 찾

을 수 없다. 이 문제는 도덕적인 공통분모를 갖고 있는 그리스도인들도 풀기 어려운 것이기 때문이다.

둘째, 세속주의는 인생의 의미를 스스로 만들어 낸다. 이는 스토아풍의 가치관(금욕주의)을 개발하는 소수에게는 통할지 모르지만, 대다수의 사람에게는 자기탐닉과 쾌락주의에 이르는 통로가 된다. "아니, 왜 우리가 평생 동안 보지도 못할 손자들을 보호하기 위해 싸우고 죽어야 하는가?" 우리의 눈에 안 띄는 곳에 무신론자들이 숨어 있을지 모르지만, 역사적으로 보면 그들은 극소수에 불과하다. 히친스는 세속적인 유럽 문화를 좋아하고 그것을 지키기를 바라지만, 도대체 무슨 근거로 사람들에게 그 문화를 위해 죽으라고 설득할 수 있겠는가?

외부의 위협이 어떻게든 사라진다거나, 종교적인 미국이 유럽을 방어하려고 대규모 전쟁 억지력과 강력한 동맹관계를 유지하기 위해 엄청난 비용을 계속 지불한다고 하더라도, 과연 무엇이 내부적으로 사회적 희생을 감수하도록 동기를 유발할 수 있겠는가? 만일 정치인이 도둑질을 하고도 그냥 넘어갈 수 있다면, 그러한 짓을 하지 말아야 할 이유가 있을까? 물론 부정부패를 종교로 해결할 수는 없지만, 모든 연구는 하나같이 하나님이 보고 계시다고 생각하는 사람이 속임수나 도둑질을 자행할 가능성이 적다는 것을 보여준다. 세속주의는 타락을 막는 중요한 억제 수단을 제거함으로써 나쁜 문제를 더 나쁘게 만든다. 히친스는 세속화된 유럽에서 법치주의가 유지될 것을 바랄지 모르지만, 유럽은 계속 세속화의 길을 걷지는 않을 것이다.

　마지막으로, 세속주의는 일단 곤란한 문제가 생기면 스스로 그것을 극복하고 교정할 능력이 없다. 그 이유는 세속주의자가 호소할 수 있는 보편적인 기준이 존재하지 않기 때문이다. 과거에 종교재판이 야만적인 짓을 행했을 때, 그리스도인들은 신앙 안에서 그것을 비판할 수 있었고 또 실제로 그렇게 했다. 그러한 행습은 기독교의 기본 원칙과 양립할 수 없었기 때문에 끝나고 말았으며, 인구의 압도적 다수를 차지했던 그리스도인들은 그것을 관용하지 않았다. 그렇다면 세계적인 세속주의는 어떤 공동의 원칙을 갖고 있는가? 그 원칙의 근거는 무엇인가? 그들의 선지자는 누구이고, 무슨 근거로 왕을 책망할 것인가?

　세속주의는 건설적인 의제를 보여주지 못했다. 잠시 세속주의자들이 미국에서 원하는 것을 모두 얻었다고 한번 가정해 보자. 그렇다면 낙태와 동성애 결혼이 더 이상 문제가 되지 않을 것이다. 기독교는 공적인 광장에서 사라질 것이다. 그럴 경우에 무엇이 남겠는가? 과학은 현재의 존재상태만 묘사할 수 있을 뿐이지 우리에게 당위적인 것을 말해 줄 수 없다. 일단 골치 아픈 유신론자가 사라지면 세속주의자들은 어떤 건설적인 대안을 내놓을 것인가? 종교에 대한 반론 이외에 그들을 하나로 묶어 줄 만한 것이 있는가?

　인류는 이제까지 호전적인 세속주의를 크게 환영하는 모습을 보여주지 않았다. 대다수의 사람은 세속주의를 자신이 싫어하는 도덕적 제약이나 체제을 무너뜨리는 데 이용하겠지만, 조만간에 그 자리에 도덕적 치료제로서 일종의 이신론(deism)을 받아들일 가능성이 높다. 그리고 어떤 곳에서는 이신론이 마법이나 이방사상으로 대치될 것이다.

그리고 흔히 일어나듯이 만일 시대가 아주 나빠지면 그들은 무엇을 선택할 것인가? 만일 그 중심에 이성에 대한 믿음이 있는 위대한 유일신 종교들이 더 이상 존재하지 않으면, 무엇이 그들의 불합리성을 제한할 수 있을까? 물론 위대한 종교들(유대교, 기독교, 이슬람교)이 항상 그 추종자들에게 신의를 지켰던 것은 아니지만, 세속주의자들은 무엇을 근거로 그들 자신의 지나친 행위를 가늠할 수 있겠는가?

세속주의자들은 여러 세기의 정체된 상태 위에 자신들의 체제를 세운 것이 아니다. 오히려 정교의 러시아가 오랜 세월에 걸쳐 이룩한 문화적 발전을 크게 파괴하는 데 기여했다. 그들은 긍정적인 변화의 속도를 늦춘 반면에, 그들의 존재에도 불구하고 긍정적 변화가 일어나면 그것을 자신들의 공로로 돌렸다. 정교의 러시아는 과격한 세속주의자들도 뿌리 뽑을 수 없는 기나긴 과학 발전과 훌륭한 문화의 전통을 가지고 있었다. 사실 러시아를 세속주의의 끔찍한 만행에서 종종 구한 것은 그러한 업적에 대한 애국심과 자부심이었다!

비록 인간이 본래 종교적인 존재라고 할지라도, 히친스와 도킨스 같은 인물들은 사회에 가장 유익한 종교조차 뿌리를 뽑을 가능성이 높다. 그들이 현대세계를 창조한 상당히 평화로운 종교들까지 몰아내는 데 성공한다면, 무엇이 그 종교들을 대체할 수 있을까? 무신론과 불가지론은 서유럽에서 미신을 진압하는 데 별로 성공적이지 못했다. 영국 국교회의 도덕 원칙을 좋아하지 않는다는 이유로 그로부터 등을 돌리는 택시 운전사가 날마다 점성술 천궁도를 읽고 있는 실정이다.

이 글을 쓰면서 나는 너무나 아름다운 피렌체를 향해 여행을 떠날 준비를 하고 있다. 이 도시는 나를 완전히 압도할 만큼 아름답기 때문에 나는 그곳을 천천히 감상하지 않으면 안된다. 이 위대한 문화는 그리스 철학(특히 종교적인 플라톤주의)의 진수가 담긴 동방 기독교와 로마 기독교가 서로 만나서 만든 작품이었다. 그 결과 아테네에서 이룩한 모든 것을 뛰어넘는 예술과 문화와 과학과 정치개혁이 이 자그마한 도시에서 꽃을 피운 것이다. 피렌체에서 활동한 모든 사람이 그리스도인이었던 것은 아니고 그 가운데 세속주의자도 포함되기는 했지만, 단테의 작품에서부터 피렌체 아카데미(Florentine Academy)에 이르는 훌륭한 업적은 세계를 바꾸어 놓은 기독교 사상과 종교적인 그리스 사상의 합작품이었다. 이 그리스도인들과 유신론자들이 때로는 다른 그리스도인에게 핍박을 받고 또 어떤 때에는 도움을 받기도 했지만(거의 모든 권력이 그리스도인의 손에 있었기에 둘 다 가능했다), 그들은 스스로 새로워져 긍정적인 변화를 가져오는 합리적 종교의 위력을 보여주는 찬란한 모델이다.

전도열에 불타는 세속주의와 유신론은 모두 폭군이나 꼴사나운 모습을 낳을 수 있다. 교황들은 피렌체 아카데미를 핍박했지만, 신앙은 그것을 만들었다. 세월이 흐른다고 세속주의가 미켈란젤로를 낳거나 그러한 인물을 높이 평가할 만한 문화를 창조하리라는 보장은 없다. 열정이 지나친 사람들이 그렇듯이, 호전적인 세속주의자들은 아름다움을 보지 못하는 문제점을 안고 있다. 그들이 일관성 있는 세속주의자라면, 모차르트의 음악을 듣거나 셰익스피어의 희극을 볼 수는 있어도 그 깊이를 정말로 이해할 수는 없는 법이다. 그런데 다행스럽게도 대다수의 세속주의자는 그러한 일관성이 없다!

그리스도인은 호전적인 세속주의자를 핍박하면 안된다. 우리가 저지른 잘못이 그들로 하여금 아름다움을 보지 못하게 만들었고 문명으로부터 등을 돌리게 했기 때문이다. 그러나 기독교 세계의 좋은 열매인 대학과 과학 등은 우리처럼 하나님의 형상으로 창조된 호전적인 세속주의자들 대부분을 여전히 끌고 있다. 우리가 이룩한 모든 업적의 배후에 계신 하나님, 우리의 잘못으로 우리와 함께 고통을 받으시는 그 하나님은 계속해서 세속주의자들을 그분에게로 인도하실 것이다. 이것이 오래된 책과 교육과 문화에 대한 전통적인 기독교의 관점이다. 이는 궁금증에 기초해 있고 언제나 희망으로 가득 차 있다.

하지만 모든 그리스도인이 궁금해 하는 것이 한 가지 있는데, 그것은
자신이 과연 옳은가 하는 것이다. 만일 기독교가 거짓이라면, 우리는
결코 그리스도인이 되고 싶지 않을 것이다.

기독교가 우리에게 격려하는 것 중 하나는 우리의 믿음에 대해
궁금증을 품으라는 것이다! 우리는 종교의 면에서 확실성을 믿는 것
이 아니라 신앙을 가진 사람이다. 어거스틴은 점점 더 많은 신앙을 추
구하지 말고 이해를 추구하는 신앙을 가지라고 격려했다. 우리는 모
두 의심을 품고 있고, 그런 의심을 정직하게, 합리적으로, 그리고 성
실하게 좇아가려고 애쓴다.

이제까지 우리는 새로운 무신론자들이 진정한 기독교와 함께 성
장할 수 있고 또 교류할 수 있으며, 그 결과 양자 모두 유익을 얻을 수
있다는 관점을 제시했고, 또 그러한 희망을 피력했다. 우리 모두가 계
속 대화를 나눌 때에야 우리의 문화는 풍성해질 수 있다. 우리 그리스
도인들은 그러한 대화를 고대하고 있다.

후기

2009년 4월, 뛰어난 역사학자요 언론인인 A. N. 윌슨(Wilson)은 자신이 왜 이십 년 동안 무신론을 견지하다가 다시금 그리스도인이 되었는지를 설명하는 글을 발표했다. 이십 년 전에 무신론으로 도약할 때는 "다메섹 도상의 경험"을 했지만, 신앙으로 돌아올 때는 그 발걸음이 느릿느릿하고 미심쩍은 길을 걸었다고 말했다. 지금에 와서 뒤돌아보면, 자신이 무신론으로 전향할 때 느꼈던 징후들을 믿지 말았어야 했다고 생각한다. 완전한 확신을 주는 내면의 불빛, 많은 동료 신자들(무신론자들)과 함께한다는 홍분의 경험 등 무언가 어울리지 않는 일이 일어나고 있었기 때문이다.

한참 지난 뒤에 그 전향의 불빛과 동지애가 사그라지고 나서야 윌슨은 종교가 단지 논증만의 문제가 아니라는 것을 깨달았다. 그것은 전인격과 관련되는 일이었다. 그는 삶의 모습이나 책을 통해 자신이 가장 흠모하고 사랑하게 된 사람들 중 다수가 신자였다는 불편한 사실을 반복해서 알게 되었다. 그는 스코틀랜드 철학자였던 데이비드 흄의 회의론적인 논증에 큰 감명을 받았으나, 깊이 성찰해 본 결과 흄은 인간의 복잡한 실존을 그와 동시대인이었던 사무엘 존슨만큼 깊이 대면하지 않았고, 후자만큼 흥미롭지도 않다는 생각이 들었다. 아울러 순전히 유물론적 입장은 지적인 차원에서 인간 존재의 신비를 제대로 설명하지 못한다고 판단했다. 유물론자들이 기독교를 공격할 때는 설득력 있게 들렸지만, 그들이 믿는 유물론의 신조는 그 자신에게 전혀 설득력이 없었다. 의심에 의심이 계속 쌓여 갔고, 회의를 거듭하다가 마침내 무신론에서 벗어나서 예전의 기독교 신앙으로 되돌아갔다.

내가 윌슨의 경험에서 배운 교훈은, 삶의 본질과 그 기원에 관한 모든 입장이 다 나름의 난점을 안고 있다는 것이다. 그렇기 때문에 문제는 우리가 난점이 없는 입장을 찾을 수 있는지 여부가 아니라, 어떤 난점을 수용하고 싶은가에 있다. 우리는 또한 우리의 지성이 서로 경쟁하는 많은 주장들 가운데 어느 것이 진리인지를 발견할 만한 능력이 있는지에 대해 약간 의심할 필요도 있다. 윌슨은 자신이 무신론으로 전향할 당시에 진리를 찾았다고 생각했지만, 지금 되돌아보면 오히려 당시에 유행하는 운동에 합류했던 것처럼 보인다. 사실 우리로서는 우리가 완전히 합리적인지, 아니면 그저 유행을 따라가는지를 분별하기란 무척 어렵다. 그렇다고 해서 우리가 어려운 철학적 추론이나 과학적 추론에서 멀어져야 한다는 뜻은 아니고 그러한 것에 지나치게 큰 중요성을 부여하지 않도록 조심해야 한다는 뜻이다. 논증이 지적인 삶에서 중요한 역할을 하는 것이 사실이지만 궁극적으로, 윌슨이 나중에 깨닫게 된 것처럼, 인간은 논증만으로 사는 것이 아니라 전반적인 인생관에 따라 사는 존재이다.

4장 다윈주의 세계관

1. Richard Dawkins, *The God Delusion*(New York: Houghton Mifflin Harcourt, 2006), p. 116. (「만들어진 신」 김영사)

6장 오래된 책의 걸림돌

1. 같은 책, p. 237.

7장 훌륭한 교육

1. P. Z. Myers, "Why Is Charlotte Allen so Mad at Atheists?" *Los Angeles Times*, May 22, 2009.
2. 나는 플라톤의 「대화」에 나오는 소크라테스를 말하는 것이다. 소크라테스가 기록했다고 여겨지는 책이 하나도 없기 때문에 그의 실제 모습을 알기란 어렵다.
3. 나의 책 *When Athens Met Jerusalem*(Downers Grove, Ill.: InterVarsity Press, 2009)을 보라.

8장 기독교와 아름다움

1. Christopher Hitchens, *Letters to a Young Contrarian*(Cambridge. Mass.: Basic Books, 2001), p. 55.
2. 기번의 조직화된 종교에 대한 혐오의 정도는 논란의 여지가 있다. 이 열렬한 세속주의자는 서양 역사에 대한 그의 시각을 변함없이 무비판적으로 고수한 것이 아니다.